Livia Andrey

Ich sage die **Wahrheit,**
PS: Das war eine **Lüge!**

Die Spielregeln des Lebens

novum pro

www.novumverlag.com

Bibliografische Information
der Deutschen Nationalbibliothek:

Die Deutsche Nationalbibliothek
verzeichnet diese Publikation in
der Deutschen Nationalbibliografie.
Detaillierte bibliografische Daten
sind im Internet über
http://www.d-nb.de abrufbar.

Alle Rechte der Verbreitung,
auch durch Film, Funk und Fernsehen,
fotomechanische Wiedergabe,
Tonträger, elektronische Datenträger
und auszugsweisen Nachdruck,
sind vorbehalten.

© 2015 novum Verlag

ISBN 978-3-99048-076-2
Lektorat: Volker Wieckhorst
Umschlagfoto: Lekcej,
Marilyn Gould | Dreamstime.com
Umschlaggestaltung, Layout & Satz:
novum Verlag

Gedruckt in der Europäischen Union
auf umweltfreundlichem, chlor- und
säurefrei gebleichtem Papier.

www.novumverlag.com

Nach einer wahren Begebenheit

Danksagung

*Glaubt ihr, dass ein einzelner Mensch
auf dieser Welt von Bedeutung ist?
Oder dass die Entscheidungen, die wir treffen,
irgendeine Rolle spielen?
Ich glaube, dass sie es tun und dass ein Mensch
das Leben vieler anderer verändern kann.
An den Menschen, der mein Leben verändert hat.*

Es ist schwer, sich entscheiden zu müssen. Wir sind aufgewachsen mit dem Gedanken, wählen zu dürfen. Manche haben keine Wahl, weil ihr Leben von anderen bestimmt wird. Sie lassen sich tragen von den Entscheidungen der anderen oder werden unterdrückt von den Einflüssen, die dadurch auf sie zukommen. Doch sie könnten aufstehen, sich ein Herz fassen und sich mit all ihrer Kraft dagegen wehren. Sich ihre eigenen Gedanken eingestehen und einsehen, dass nur zählt, was für sie in ihrem Leben wichtig ist. Denn das Leben schenkt uns nichts. Wir müssen jede Entscheidung selbst treffen, und es wird der Zeitpunkt kommen, an dem wir, mit Staunen über unsere eigene Wahrnehmung, einsehen werden, dass jede einzelne davon richtig war.

Ich persönlich glaube an Schicksal, denn alles geschieht zu einem bestimmten Zweck. Würde es das nämlich nicht tun, wären die Menschen mit ihrer Zukunft vollkommen überfordert. Schon jetzt ist es ihnen unerträglich, nicht zu wissen, was die Zukunft bringen wird. Sie klammern sich verzweifelt an Gedanken, die ihnen zuflüstern, was sein könnte oder was nicht. Sie gebrauchen ihre Fantasie, um sich auszumalen, wie ihre Zukunft sein sollte und wie sie sie haben wollen. Ihnen ist nur die Macht gegeben, zu entscheiden, ob sie links oder rechts abbiegen wollen. Doch sogar hier brauchen sie etwas, das ihnen die Entscheidung erleichtert. Es ist ein Gefühl, das sich in ihnen ausbreitet, ein Kribbeln im Bauch oder auch nur ein kleiner abschweifender Gedanke am Rande, eine Brise, die ihnen durchs Haar weht oder ein Sonnenstrahl, der sich durch die Wolken kämpft, sich im Regen bricht und einen wundervollen Regenbogen in den Himmel zaubert, um ihnen ein Gefühl zu geben, die richtige Entscheidung zu treffen. Doch genau diese Dinge sind es, die nicht zufällig geschehen. Es hat einen Grund, wieso ich gerade heute krank bin, wo ich doch die Abschlussarbeit in der Schule abgeben sollte. Es hat mich vielleicht davor bewahrt, gestresst zur Schule zu laufen, nicht nach links zu sehen und einfach über die Straße zu gehen. Es hat einen Grund, wieso gerade ich hier sitze und solche Dinge schreibe. Denn gerade jetzt stelle ich mir vor, wie sich auf jedem einzelnen Gesicht, das diese Zeilen liest, ein Lächeln verliert, weil sich die meisten fragen, wie ich wohl auf solche Dinge komme. Denn auch das hat einen Grund. Deshalb denke ich, dass es gar nicht so ein abwegiger Gedanke ist, an ein Schicksal zu glauben.

Ich bin nicht berechtigt zu sagen, wer oder was für diese Dinge zuständig ist, das Wissen darüber wäre mir schon gar nicht gewährt. Aber ich bin berechtigt zu sagen, was ich davon halte, denn diese Entscheidung habe ICH getroffen. Ich will euch aber nicht vorenthalten, wie es überhaupt dazu gekommen ist, dass ich angefangen habe, an das Schicksal, an mein Leben und vor allem an mich selbst zu glauben – und wem ich das alles wirklich zu verdanken habe. Wenn wir glauben, glauben wir an uns, an unsere Hoffnungen und unsere Träume, dass wir irgendwann einmal unsere Träume, Gebete, unsere seligsten Wünsche vor unseren Augen erblicken und im tiefsten Innern wissen, dass wir genau hierher gehören. Ich möchte diesem keinen Namen geben. Das wäre zu einfach bzw. zu schwierig, wenn man bedenkt, was Religion schon alles angerichtet hat. Das soll keine Anschuldigung an irgend jemandem darstellen – es ist nur eine Feststellung. Viele sehen das noch nicht ein, aber wir alle haben mehr gemeinsam, als wir denken.

Viele Leute haben mich auf meinem Weg aus der Ratlosigkeit und Verzweiflung herausbegleitet, doch ist es eine Person ganz allein, der ich auf ewig dankbar sein werde, was sie für mich getan hat.

Mit diesen wenigen Zeilen möchte ich allen danken, dass sie es mit mir aufgenommen haben.

Jeder Mensch hat seine Gründe, weshalb er tut, was er tut – Gründe, die wir vielleicht nicht verstehen. Und doch ist es an uns, ihre Entscheidungen zu akzeptieren.

Jede einzelne meiner Entscheidungen in diesem Buch sind hier in den Seiten aufgelistet, weil all diese Entscheidungen mich genau zu dem gemacht haben, was ich hier und jetzt in diesem Moment bin.

Mein Name … den kennt ihr bereits. Jetzt müsst ihr nur noch den Anfang meiner Geschichte kennenlernen. Vielleicht werden Erinnerungen geweckt. Vielleicht aber wird es auch nur eine Geschichte sein, die gelesen werden muss.

1. Kapitel

Ich habe bis jetzt selten schlechte Noten geschrieben. Was mich im Nachhinein verwundert, denn uns wurde eingetrichtert, dass es große Disziplin und viel Arbeit erfordert, in der Oberstufe von der 7. bis zur 9. Klasse nicht vollkommen unterzugehen. Aber ich kann mich nicht daran erinnern, je etwas außerhalb der Schule für die Schule getan zu haben. Wenn ich bedenke, was ich damals alles an Problemen und Gedanken in meinem Kopf herumtragen musste, bin ich heute froh, dass ich mir nicht noch den Kopf über meine schulische Leistung zerbrechen musste. Ich war zu sehr damit beschäftigt, mich um meine Existenz in dieser verwahrlosten, unbeständigen Welt zu kümmern. Denn sich hier, in dieser von technischem Fortschritt und größerer Macht getriebenen Welt, als persönliches Individuum mit Wissen, Können und überdurchschnittlichen Fähigkeiten zu establieren, ist meiner Meinung nach nur möglich, wenn man mindestens Achtlinge auf die Welt setzt, sich einen 80-jährigen Milliardär zulegt, sich als Profisportler feiern lässt oder schon in diese Branche hineingeboren wurde. Was in meinem Fall auf nichts zutrifft. Na, vielleicht gelingt mir das mit dem Milliardär noch, wer weiß. Außerdem: Wen kümmert es? Spätestens wenn man in der eigenen Disziplin Mist gebaut hat, ist alles vorbei. Es wird an einem gezweifelt und man wird in eine Schublade zu den anderen halb defekten Sachen gesteckt. Es war, glaube ich, um die 5000 Tage her, dass ich an einem 13. Juli irgendwann mal im Sommer auf die Welt gekommen bin. Ich weiß bis heute noch nicht, ob ich mich über diesen Tag freuen soll. Nicht, dass ich gänzlich abgeneigt wäre, hier zu sein, aber als unerwartete Überraschung bezeichnet zu werden und immer wieder das Gefühl zu haben, hier nicht hinzugehören, bringt mich manchmal ein bisschen ins Grübeln. Jedenfalls war der Herbst angebrochen, und unsere Ferien neigten sich dem Ende zu.

Es dauerte seine Zeit, bis ich den Gedanken gefasst hatte, mich aus meinem über die Nacht kuschelig warm gewordenen Decken- und Kissenreich zu erheben und den nervtötenden Wecker auszuschalten, der mich aus meinem Nichttraum geweckt hatte.

Nichtträume sind ab und zu ganz angenehm, man weiß nicht, was geschehen war, und man ist nicht völlig ausgepowert. Was wiederum meistens nach einem Traum der Fall ist, in dem man sich vor blutrünstigen Bestien ganze 8 Minuten lang verstecken muss – obwohl sie einem sowieso nichts anhaben können. Oder wenn man sich in dieser „Ich-kann-mich-nicht-von-der-Stelle-bewegen"-Situation befindet, während irgendein wild gewordener Irrer mit einem Messer oder weiß der Teufel was hinter dir her ist. In einem solchen Moment wäre es ein angenehmes Gefühl zu wissen, dass es sich nur um geistige Illusionen handelt. Das ist aber leider nicht so oft der Fall.

Es war kein typischer Herbstmorgen. Es war so ein komisches Gefühl in der Luft, ich weiß nicht, so, als wäre etwas nicht so, wie es im Grunde genommen eigentlich sein sollte. Ich glaube nicht, dass es etwas mit dem Wetter zu tun gehabt hatte, denn im Herbst ist man jetzt also wirklich alles gewohnt. Zum einen gibt es die wundervollen Tage, an denen der Himmel in einem hellen Türkisblau schimmert. Die Sonne, greller als in den anderen Jahreszeiten, scheint über den Wäldern, die sich mittlerweile in rostbraune, orange-rot schimmernde Blätterteppiche verwandelt haben. Zum anderen gibt es die verregneten kalt-feuchten Tage, an denen der Nebel sich am Boden regelrecht festnagelt, damit auch ja viele Leute vergessen, die Nebellichter einzuschalten und so mit einer Gehirnerschütterung oder sonstigen Verletzung im Krankenhaus landen.

Fazit: Am Wetter kann es also nicht gelegen haben.

Aber auch wenn man ein ungutes Kribbeln im Bauch hat, ist man doch nicht davor verschont, in die Schule zu gehen.

Meine morgendliche Zeremonie kenne ich mittlerweile in- und auswendig. Es ist ja nicht so, als hätte ich ein abwechslungsreiches Leben zu bieten oder so. Hunderte von Tagen verbringt man damit, genau zum tausendsten Mal in Folge ein und dasselbe zu tun. Da sollte es schon drin liegen, seinen eigenen Stundenplan zu beherrschen. Also, nachdem ich nun also aus meinem King-size-Bett gescheucht wurde, mache ich mich auf den langen Weg in unser Badezimmer. Ach nein, ich habe was vergessen. Nicht dass die Leute noch denken, ich marschiere nackt durchs ganze Haus. Ich füge hier noch ein, dass ich mich mittlerweile schon angezogen habe, mit den Kleidern, die mich dann an meinem Leib zur Schule begleiten. Nicht dass es mich stören würde, ich mag meinen Körper, obwohl ich noch nie eine schlanke Figur zu präsentieren hatte. Das ist somit auch das Einzige in meinem jetzigen Leben, was mich noch nie im Geringsten gestört hatte. Mal ehrlich. Nur aus Haut und Knochen zu bestehen klingt für mich nicht gerade antörnend. Naja, mich muss es ja auch nicht antörnen. Ich habe es zwar mal versucht, aber Frauen sind nichts für mich. Gehen einem schon nur an die Gurgel, wenn man schönere Haare hat oder besser singen kann oder versinken in Selbstmitleid und Depressionen, wenn die eigentliche Seelenverwandte den 17. Freund in Folge hat. Nein, das muss nicht sein.

Was jedoch die Männer betrifft, bin ich mir sicher, dass sie mit einem Knochengerüst nicht wirklich viel anfangen könnten, die schweben ja in stetiger Angst, etwas kaputtzumachen, und das möchten wir dem dominanteren Teil unserer Spezies doch nicht antun, oder?

Anders ist es bei weiblicher geformten Körpern, da hätten sie wenigstens was zum Anfassen, und die Liebe und Fürsorglichkeit einer waschechten Frau muss ja schließlich irgendwo verstaut werden.

Also, das war eine kleine Abschweifung am Rande. Was mitunter sicherlich noch häufiger vorkommen wird.

Da bin ich also, 3 Kreuzungen später, im Badezimmer vor dem Spiegel. Wer mal einen Zombie sehen möchte, einfach morgens in den Spiegel schauen. Grauenvoll!!! Aber zum Glück habe ich mich in der letzten Zeit im Schminken weitergebildet. Soll ja keiner mitbekommen, dass ich gestern schon wieder unter Tränen eingeschlafen bin. Also, als Erstes: Kajal. Mit ihm dringen die dunklen Seiten der Seele zum Vorschein. Je nach Gemüt kommt ein hellerer oder dunklerer Lidschatten zum Einsatz. Obwohl ich schon mit einem schlechten Gefühl aufgestanden bin, habe ich mich dennoch für die hellere Variante entschieden, ich habe ja schließlich einen Ruf zu verlieren. Gut, nachdem man die mittlerweile geschwollenen Lider der letzten Nacht gekonnt retouchiert hat, kommt noch die Wimperntusche, für verführerisch lange Wimpern, zum Einsatz. So, fertig.

Die Haare, ja gut, mit den Haaren lässt sich sowieso nichts Anständiges zaubern. Einmal kurz durchgewirbelt, und schon ist eine akzeptable Frisur entstanden.

Früher aufstehen als der Rest der Familie, hat so seine Gründe. Man wird nicht gestört oder mit irgendwelchen Vorwürfen bombardiert. Also habe ich es mir zur Angewohnheit gemacht, so früh wie möglich aus dem Haus zu gehen, damit keiner auf die blöde Idee kommt, sich in mein Leben einzumischen.

Frühstücken tue ich unterwegs. Meistens gönne ich mir ein kleines Brötchen und einen Orangensaft aus dem Tankstellenshop. Da mein Taschengeld aber nicht für das Frühstück außerhalb gedacht ist und die Tankstellen meist mit überdurchschnittlichen Preisen handeln, bin ich oft knapp bei Kasse. Da ist es verständlich, wenn ich sage, dass ich den Tag schon häufiger ohne Frühstück gestartet habe. Meistens kriege ich sowieso nichts runter.

Heute ist mir der Appetit nach einer Kollision mit einem Auto sowieso schlagartig vergangen. Diese verdammten Autos. Es haben wohl alle das Gefühl, Fahrrädern müsse man keine Beachtung schenken. Es ist ja nicht so, als würde uns eine Stahl- und Metallkonstruktion vor heftigeren Verletzungen schützen. Jedenfalls: Nachdem ich mir den morgendlichen Straßendreck von den Kleidern gewischt hatte, habe ich dem Autofahrer meine „liebsten" Grüße bestellt und bin wieder weitergefahren. Nachdem ich mein Fahrrad in der Fahrradhalterung verstaut habe, ohne abzuschließen, versteht sich, warte ich wie jeden Tag auf Olivia und Sylvia. Wir sind ein Trio schlechthin, zwei Steinböcke und ein Krebs. *Ich verstehe bis heute nicht, wie ich das wohl hingekriegt habe.*

Während ich, an eine Mauer gelehnt, so vor mich hindenke, kommt jemand auf mich zu. Ein Mädchen. Ich habe es schon öfter gesehen, doch sein Name ist mir nicht bekannt.

Heute bin ich um einige verbrachte Stunden mit dieser Person reicher. Sie heißt Anna-Bettina.

Sie scheint mich zu kennen und hat wohl vor, ein Gespräch mit mir anzufangen. Ganz ruhig, schön lächeln und grüßen. „Guten Morgen!" Super, gut gemacht. „Hey! Du, sag mal, Jessica, Jessica Gauch, ist die nicht mit dir in der Klasse?" Mhm, mit dieser Frau habe ich eigentlich nicht viel am Hut, aber ich kann ja schlecht Nein sagen. „Ja, ist sie, wieso?" Das „wieso" ist reine Formsache: einfaches Anhängsel am Rande. Aber eigentlich bin ich auch ein wenig neugierig, das musste ich einfach fragen.

Gut, danach hätte ich mit allem gerechnet, doch das hatte ich nicht erwartet.

„Ja, weißt du, eine Bekannte, die mit Jessicas Familie sehr gut befreundet ist, hat mir erzählt, dass ihre Mutter in den Ferien gestorben ist." Toll, was zum Teufel soll ich jetzt bitte darauf antworten? Nachdem ich sie mit weiten Augen angeschaut hatte, hat sich doch wieder Neugierde in mir breit gemacht. „Weißt du denn, wie sie gestorben ist?" Anstatt zu fragen, wie es wohl Jessica geht, kommt mir wirklich nichts Besseres in den Sinn? Du Vollidiot! „Einige sagen, man habe sie in einem Appartement in Zürich gefunden." Das ist ja wie in einer dieser TV-Serien, CSI Miami oder so. Dort werden die Leute entweder ermordet oder sie nehmen sich selbst das Leben.

Doch das auch noch zu fragen, wäre mir gar nicht erst in den Sinn gekommen. Es war ja schließlich schon schlimm genug.

Nun hatte sich mein Gefühl von heute Morgen also bestätigt: Es war alles andere als alles in Ordnung.

Mir ist nicht aufgefallen, dass die Schulbusse angekommen waren, während wir sprachen. „Behalt es für dich und sag nicht, dass du's von mir hast!" Mit diesen Worten hat sie sich verabschiedet und ist wieder zu ihrer eigenen Clique zurückgelaufen. Jedenfalls kommt jetzt Olivia auf mich zugestürmt. Toll, Umarmung im Anmarsch. Ich habe es nicht so mit Gefühlsduseleien. Das ist mir einfach zu ... persönlich. Jeder Mensch hat eine Privatsphäre, und die sollte auch respektiert werden. Aber ich bin wieder mal zu stolz, um mein Anliegen zu äußern. Egal, ich werde ja nicht daran sterben. Oder?

„Sag mal, wo hast du denn Sylvia gelassen?" Es ist mir aufgefallen, ja, denn meistens bekomme ich täglich zwei Umarmungen, und so was vergisst man nicht so schnell. „Die ist wieder mal krank!" Was mich auch nicht verwundert, denn das ist auch häufiger der Fall.

Woran das damals wohl gelegen haben mag?

Nach unserer Begrüßung machten wir uns auf den Weg, den Berg hinauf zur Schule zu laufen. Es scheint, als hätte ich ein bedrücktes Gesicht gemacht, sonst hätte sie mich nicht gefragt, was los sei.

„Du, ist heute etwas nicht in Ordnung? Du machst auf mich so einen bedrückten Eindruck!" Seit wann schaut sie denn auf meinen momentanen Gemütszustand? Na gut, ich geb's ja zu. Ganz ohne ein wenig Gefühle vorzutäuschen ging's dann doch nicht.

Erst da war mir aufgefallen, dass ich gar nicht wusste, ob unsere Jessica wirklich Gauch mit Nachnamen hieß. Es hätte ja ein x-beliebiger sein können. War es aber nicht.

„Eine Frage! Heißt unsere Jessica Gauch mit Nachnamen?" Sag Nein, sag Nein, sag Nein. „Ja, wieso?" Scheiße. Jetzt ist der Moment des Gefühlsausbruchs gekommen. Ein wenig getrübt zu Boden schauen, mit den Händen hastig durch die Haare wirbeln und warten, bis eine Reaktion auftritt. „Wieso, was ist denn los?" BINGO. Jetzt ein wenig Getrübtheit in die Stimmbänder hauchen.

„Ja, weißt du, eigentlich sollte ich es dir nicht sagen. Aber früher oder später weiß es sowieso jeder!" So, gut hingekriegt. Man schenkt dir Glauben, also, jetzt einfach so weitermachen. „Ihre Mutter ist gestorben." Jetzt weiß ich, wie ein „richtiger" Mensch eine solche Nachricht auffassen sollte. Sie sieht sehr bedrückt aus. Es scheint sie gerade ein wenig getroffen zu haben. Man kann wohl auch mitfühlen, wenn es einen nicht persönlich betrifft. Das wusste ich nicht.

„Oh, mein Gott!" Und so viel Emotionen in drei Worten habe ich, abgesehen von Filmen, auch selten gesehen.

Es war mir, als wäre ihr eine kleine salzige Träne aus den Augenwinkeln entflohen.

2. Kapitel

Um jemandem oder auch mehreren Leuten eine schlechte, traurige Nachricht zu überbringen, braucht es unglaubliche Feinfühligkeit, Geduld, Ruhe und vor allem einen kühlen und klaren Kopf. Und mir ist bis heute nur ein Mensch begegnet, der diese Fähigkeiten besitzt.

„Guten Morgen, Herrschaften." Das heutige „guten Morgen" klingt anders als sonst. Herr Ledergerber ist ein Lehrer schlechthin. Er weiß, wie man mit uns Teenies umgehen muss.

Etwas, das ich bis heute sehr an diesem Mann schätze. Von ihm werden wir noch mehr hören.

Eigentlich weiß er seine Gefühle sehr gut im Zaum zu halten. Aber heute ist es ihm nicht so recht gelungen. Das ist ja auch verständlich. „Vielleicht ist es euch schon aufgefallen, dass Jessica heute nicht in dieser Klasse sitzt. Dies hat einen sicherlich für uns alle schwer zu begreifenden Grund. Denn es ist so, dass …" Das sind dann solche Pausen, die man am liebsten einfach überspulen würde. „… dass die Mutter von Jessica vor einigen Tagen gestorben ist." Da es den meisten schon bekannt war, hielt sich der überwältigende Schlag ins Gesicht in Grenzen.

Ich muss zugeben, dass es mich damals sehr kalt gelassen hat. Heute tut es mir leid, dass ich nicht ein wenig mehr Mitgefühl gezeigt habe. Entschuldige, Jessica.

„Ich hätte gerne, wenn wir morgen als Klasse zur Beerdigung gehen würden." Es hat selbstverständlich niemand etwas dagegen. Wieso auch, das ist eine anständige Geste. „Da ich weiß, dass das nicht für jeden einfach ist, ist es natürlich in Ordnung, wenn jemand lieber nicht mitkommen möchte. In diesem Fall wäre ich froh, wenn ihr es mir ausrichten würdet." Er schaut in die Runden. Verständlich, dass sich niemand vor der ganzen Klasse meldet.

Ich weiß nicht, ob sich jemand bei Herrn Ledergerber gemeldet hatte.

Sollte ich es ihm vielleicht nach dem Unterricht sagen, dass ich lieber nicht zur Beerdigung gehen möchte? Was würde er dann von mir denken? Nein, das kann ich auf keinen Fall machen! Ich werde ja zum Gespött der ganzen Schule. Immer voll auf hart machen und dann nicht mal zu einer harmlosen Beerdigung gehen? Nein, Livia. Du wirst zu dieser Beerdigung gehen.

Ob es ein Fehler war, es nicht zu sagen? Ich glaube nicht. Wo wären wir denn sonst heute, wenn ich nicht gegangen wäre?

Wir verbringen die Stunde damit, Karten für Jessica zu schreiben. „Schreibt, was ihr ihr wünscht, etwas, das sie aufmuntert. Oder zeigt ihr einfach euer Mitgefühl und euer Beileid." Das kann ja heiter werden. Wie findet man die richtigen Worte, um einen Menschen nicht im Tiefsten zu kränken? Ich muss zugeben: Ich weiß es nicht. Ich glaube nicht, dass sie hundertmal lesen möchte: „Ich bin für dich da, egal, was ist." Oder „Das mit deiner Mutter tut mir sehr leid, ich bin für dich da …" Nein, so was kann ich nicht schreiben. Das wäre einfach nur so aus der Luft gegriffen. Und jetzt mal ganz im Ernst So verkorkst bin nicht mal ich. Aber ich glaube, ich schreibe über … ich weiß nicht so recht. Doch, ich werde ihr sagen, dass …

Hier würde ich jetzt gern schreiben, was ich ihr damals geschrieben habe. Doch leider bin ich nicht mehr im Besitz dieser Karte. Ich weiß auch nicht, ob sie überhaupt noch existiert. Ich möchte auch nicht nachhaken und fragen, ob sie die Karte noch besitzt. Ein wenig menschliche Würde sollte jedem vergönnt sein. Aber das ist auch nicht schlimm. Ich weiß, dass sie sie gelesen hat, und nur das zählt letztendlich.

3. Kapitel

Niemand merkt, wenn wir verschwinden. Ich meine den Moment, in dem wir wirklich beschließen zu gehen. Allerhöchstens hört man ein leises Flüstern oder einen kleinen Fluss, der mit unserem Wispern leise davonfließt und nichts mehr übrig lässt. Doch vielleicht hinterlassen wir ja größere Spuren, als wir gedacht haben?

Beerdigung. Welcher Tag ist der Richtige für eine Beerdigung? Montag? Das ist der erste Tag nach dem Wochenende. Da hat, glaube ich, niemand Lust, eine Beerdigung zu besuchen. Dienstag? Als wäre es eine dienstliche Verpflichtung, dorthin zu gehen. Mittwoch? Zu banal. Donnerstag? Oh ja, und dann noch mit Blitzhagel und Regenschauer, okay? Freitag? Opfert jemand freiwillig seinen freien Tag, um einer Bestattung beizuwohnen? Den möchte ich kennenlernen. Samstag? Dann noch Angst haben, dass plötzlich das Sams auftaucht und aus dem Sarg ein Lagerfeuer bastelt. Sonntag? Hat nicht irgendein Typ mal so vor sich hin gepredigt und allen weiß gemacht, dass das ein Ruhetag darstellen soll? Ach, mir ist der Name gerade entfallen.

Fazit: Kein Tag ist geeignet für eine Beerdigung.

Trotzdem hat man beschlossen, die Beerdigung an einem Dienstag zu „feiern". Na ja, mir soll's recht sein.

Was hatte ich an? Ich kann mich nicht mehr daran erinnern. Ich weiß, dass normalerweise jeder in schwarzen Kleidern zu einer Beerdigung geht. Und ich weiß auch, dass ich die Einzige war, die das nicht getan hatte. Und fragt mich jetzt bloß nicht, warum ich das (nicht) getan habe.

Habe ich es zu Hause ausgerichtet, dass ich zu einer Beerdigung gehe, bevor ich aus dem Haus ging? Ach nein, wie auch.

Alle sind versammelt. Herr Ledergerber, Frau Aeby, unsere ganze Klasse. *Unsere GANZE Klasse? Ich weiß nicht, ob sich jemand abgemeldet hatte. Ich hatte ja auch andere Dinge im Kopf.*

Auch Jessica ist mittlerweile bei uns angelangt. Es scheint sie zu freuen, dass wir gekommen sind. Sie sieht schön aus mit ihrem Kleid und ihrer Frisur. Aber dass sie so gelassen sein kann?

Diese innere Stärke habe ich schon immer an ihr bewundert.
Na ja, sie wird ihre Tränen sicherlich schon ausgeweint haben. Jedenfalls ist das bei mir manchmal so. Ich weine, weine, weine, und plötzlich kommt keine einzige salzige Träne mehr aus meinen Augen. Meine Tränensäcke sind leergepumpt. Vielleicht will sie uns allen auch nur beweisen, wie stark sie sein kann. Obwohl wir das schon längst wissen.

Für uns alle sind im vorderen Teil des Schiffs einige Bänke reserviert. Man hat an uns gedacht? Freundlich. Ich sitze am inneren Rand de Bank gleich neben Olivia. *Wie jemand so viel weinen kann, obwohl es nicht einmal jemanden aus der eigenen Familie getroffen hatte, ist mir bis heute schleierhaft.*

Eine schöne Predigt. Mhm, Herr Ledergerber dreht sich immer wieder nach hinten. Der will wohl alle nur weinen sehen? Nicht mit mir, Bürschchen, ich bin eisenhart in solchen Dingen. Wieso sollte ich auch weinen? Ich habe keinen Grund dazu. Es ist ja nicht so, als würde mich diese Sache groß berühren. Na gut, ich muss zugeben, dass es mich nicht ganz kalt lässt. Aber weinen tu ich trotzdem nicht.

Denn ich hatte mich gerade an einen Gedanken gewöhnt.

Mhm, wenn ich mir die Leute hier alle so anschaue, wie sie um die Person weinen, die da vorn in dem Sarg gebettet ist, frage ich mich: Wäre das bei mir vielleicht auch so? Es würden sicher viele um mich weinen, oder? Und … ja … vielleicht … wenn ich sogar ganz plötzlich einfach einen Unfall hätte? Da würden vielleicht noch mehr Leute kommen? Ich meine, wenn ich irgendwann mal mit 86 an Altersschwäche sterbe, interessiert das doch keinen … Die Hälfte der Leute, die man kennt – Korrektur: gekannt hatte –, wären dann sowieso schon unter der Erde. Jetzt mal ehrlich, es wäre doch viel schöner, jetzt zu gehen. Da würden sich die Leute noch Mühe geben – und vor allem würden wenigstens noch ein paar zu der Beerdigung kommen. Ich habe es mal ausgerechnet: Würde jeder Einzelne, der mich kennt und vielleicht auch ein wenig Mitleid oder Trauer für mich empfindet, zu meiner Beerdigung kommen, wären es insgesamt ungefähr 600 Leute, wenn nicht sogar noch mehr. Jetzt zeigt mir mal eine Beerdigung mit gerundet 1000 Leuten. Stars und Berühmtheiten natürlich ausgeschlossen. Schwierig, nicht wahr? Und jetzt überlegt euch mal: Wäre es nicht toll, wenn so viele Leute sich von euch verabschieden möchten? Klar, die meisten denken jetzt bestimmt: „Was kümmert mich das? Ich krieg ja sowieso nichts mehr davon mit!" Da gebe ich euch auch recht. Aber es im Voraus zu wissen, dass so viele Leute kommen werden, ist doch ein sehr annehmlicher Gedanke, oder? „Und außerdem, ich sterbe ja heute und morgen noch nicht!" Und wenn man einfach ein wenig nachhilft?

Ein Gedanke, der sich in meinem Kopf eingenistet hatte.

Man könnte alles selbst bestimmen. Welche Farbe hat der Sarg, welche Blumen und sogar welche Lieder sie auf der Beerdigung spielen sollten. Also ich möchte ja einen weißen Sarg, so schön verziert und so, man soll sich ja schließlich an meinen Abgang erinnern. Darauf ein Gesteck mit blutroten Rosen und einer silbrigen Schleife „Ruhe in Frieden". Das wäre doch schön. Jeder würde vor deinen Sarg stehen, dir eine Träne schenken und fragen: „Warum?" Ich kann euch sagen warum. Haargenau aus diesem Grund: Jeder ist da, wirklich jeder ist gekommen und trauert um mich. Immer noch am Leben, würden mich einige nicht mal eines Blickes würdigen, andere profitieren nur von dem, was ich alles leiste und haben nicht einmal ein Dankeschön für mich übrig. Man wird weder beachtet noch wahrgenommen. Erst wenn man tot ist, fangen die Leute wieder an, an dich zu denken. Genau das ist es. Jeder ehrt dich und schickt dir deine Gebete oder einfach nur ein paar gute Worte. Vielleicht höre ich ja von oben sogar einige Entschuldigungen? Ja, all das kann der Tod eines „geliebten" Menschen bewirken. Alle würden mir, wäre es auch nur für einen einzigen Tag, Beachtung schenken. Ein einziger Tag würde ganz allein mir gehören. Das Einzige, was ich jetzt nur noch tun muss ist, tot zu sein. Wieso sollte ich mir das also aus dem Kopf schlagen? Ich denke gar nicht daran.

4. Kapitel

Immer ein Lächeln auf dem Gesicht zu haben ist manchmal gar nicht so einfach, wie die meisten behaupten.

Jessica hat bald wieder einmal dem Unterricht beigewohnt, was ich auch gut verstehen kann, denn eine bessere Ablenkung – mit Freunden zusammen sein und über irgendwelchen Mist quatschen – gibt's nicht. Die Vorahnung, die Herr Ledergerber hatte, als Jessica noch zu Hause war, hat sich noch nicht bestätigt. *Es war, glaube ich, ein Tag nach der Beerdigung, als er im Unterricht angefangen hatte, von den letzten Ereignissen zu reden.*

„Ich weiß, ihr alle denkt, dass Jessica eine starke junge Frau ist." Ja, denken wir. „Und davon bin auch ich voll und ganz überzeugt. Aber es gibt Situationen, in denen man sich selbst nichts beweisen sollte, und hier sehe ich das Problem. Kleine Klammer auf: Denn Jessica ist im Moment wie abgeschirmt. Ich habe das Gefühl, dass sie die ganze Sache noch nicht wirklich realisiert hat. Ich habe Angst. Ich muss wirklich zugeben, dass ich Angst habe um Jessica. Angst, dass sie plötzlich in ein tiefes Loch fallen wird, und je nachdem, wie tief dieses Loch ist, möchte ich mir nicht vorstellen, was sich alles in ihrem Kopf abspielt. Denn ihr müsst wissen, dass sich die meisten Leute mit der Zeit selbst die Schuld für den Verlust eines geliebten Menschen geben. Dann taucht nämlich die Frage auf, was man falsch gemacht hat, und genau vor dieser Frage möchte ich sie bewahren. Und hier kommt ihr ins Spiel. Ich möchte nicht, dass ihr euch verstellt. Ihr sollt Jessica einfach das Gefühl geben, dass sie in dieser schweren Zeit nicht allein ist. Wünscht ihr einmal einen schönen guten Morgen oder sagt ihr, welche Wichtigkeit sie in eurem Leben hat. Zeigt ihr einfach, dass es schön ist, sie hier zu haben."

Da sieht man es wieder. Man muss nicht einmal selbst sterben, um Aufmerksamkeit zu erregen. Es reicht schon, wenn es einen Verwandten getroffen hat. Nicht, dass jetzt einfach jemand aus meiner Familie sterben sollte. Ja gut, kümmern würd's mich wahrscheinlich nicht wirklich. Ich meine, es wäre nicht so, als hätte ich eine coole 0815-Familie aus dem Fernsehen, die sich alle ganz toll liebhaben und gemeinsame Ausflüge machen und sich gegenseitig alles sagen, was ihnen auf dem Herzen liegt. Nee. So was gibt's bei uns nicht. Na gut, ich muss zugeben, dass ich ohne meine Schwester schon ein wenig zu kämpfen hätte. Ihr kann ich meine Probleme anvertrauen. *Man gibt es vielleicht nicht immer zu, aber so eine Schwester wünscht man sich – mit der kannst du jetzt über alles reden. Und nur um das mal klarzustellen: ich habe so eine!* Ja, gut, meine Selbstmordgedanken brodeln jetzt nicht wirklich aus mir heraus. Ist bestimmt auch besser so, das geht ja schließlich auch niemanden etwas an.

Wir haben wieder mal November. Arschkalt und dazu noch kälter. Aber etwas hat mir in der letzten Zeit immer wieder das Herz erwärmt. Denn André schreibt mir ununterbrochen, dass ich ihm doch noch mal eine Chance geben sollte. *Hier muss ich eine kleine Reise in die Vergangenheit der Vergangenheit unternehmen.* André habe ich im 1. Kurs während des Winterlagers kennengelernt. Was zuerst so aussah, als würden wir nur so tun, als ob wir zusammen wären, um jemanden eifersüchtig zu machen, entpuppte sich als etwas viel Tiefgründigeres. Die Zeit mit ihm war die schönste in meinem bisherigen Leben. Doch irgendwie kroch sich bei mir immer wieder so ein Gefühl ein. *Ich weiß heute noch nicht genau, was es mir damals sagen wollte.* Ich glaube, dieses Gefühl hat in mir den Glauben geweckt, dass ich nicht gut genug für ihn war, und die drei Wochen in Frankreich, die ich getrennt von ihm war, machten die Sache nicht gerade einfacher. Denn da merkte ich, dass ich eigentlich auch ganz gut ohne ihn auskommen konnte. Kurzerhand habe ich zwei Tage nach der Rückreise von Frankreich mit ihm Schluss gemacht. Es war bis hierher eine wunderschöne Zeit als Single, aber jetzt immer wieder diese SMS zu erhalten, lässt mich schon grübeln, denn ich vermisse ihn sehr. Gut, ich glaube, eine Chance gebe ich uns beiden noch.

Okay, gut, dass wir jetzt – eine Woche später – nicht mehr zusammen sind, habe selbst ich nicht erwartet. Klar, ich war es, die wieder Schluss gemacht hat, aber ich fühle mich einfach nicht wohl dabei. Ich fühle mich zu sehr in meiner Freiheit eingeschränkt, und Freiheit steht bei mir an oberster Stelle. Nun gut, ich kann es nun mal nicht ändern. Dann gehen wir der Zukunft halt wieder als Single entgegen.

Am Anfang des Buches habe ich erklärt, dass ich keine einzige meiner Entscheidungen bereue. Dies war und ist bis heute die einzige Entscheidung, die ich zutiefst bereue. Nie wieder ist mir ein solch herzlicher, offener und gefühlvoller Mensch wie André begegnet. Ich kann mich auf keinen neuen Kerl einlassen, weil ich immer nur sein Gesicht vor Augen habe. Mir wurde klar, dass ich durch dieses lange Getrenntsein erst angefangen habe, ihn mit ganzem Herzen zu lieben. Mir schwirrt immer wieder dieser Spruch „Alle guten Dinge sind drei" im Kopf herum. Ich habe oft versucht, ihn davon zu überzeugen, mir noch eine Chance zu geben. Doch die Tatsache, dass ich ihn zweimal habe sitzen lassen, schoss den Pfeil direkt in die entgegengesetzte Richtung. Noch heute – und das liegt jetzt schon etliche Jahre zurück – würde ich alles dafür geben, noch einmal in seinen Armen zu liegen und genau die Liebe zu spüren, die er mir damals gegeben hatte. Leider kommt heute schon eine andere in den Genuss davon. Na ja, ich kann's nicht ändern. Das Einzige, was ich mit Sicherheit sagen kann ist, dass ich nie wieder einem Mann begegnen werde, ohne ihn vorher mit ihm zu vergleichen. Vielleicht werde ich mich wieder verlieben, und vielleicht werde ich glücklicher sein denn je. Aber mein Herz wird im tiefsten Innern immer nur für den einen Menschen schlagen.

5. Kapitel

Zeilen zu schreiben, die etwas mit uns selbst zu tun haben, ist in vielerlei Hinsicht sicherlich einfach. Doch sobald man sich mit Dingen auseinandersetzen muss, die tiefer gehen als nur unter die Haut, ist man an einem Punkt angelangt, an dem man sich wünscht, man hätte gar nicht erst damit angefangen.

Ach, die Weihnachtszeit, eigentlich für mich eine der schönsten Zeiten im Jahr. Die Leute sind alle mit Geschenkekaufen und Dekorieren beschäftigt. Nicht zu vergessen ist natürlich das leckere Essen. Es ist immer wieder amüsant, den Frauen dabei zuzuhören, wie sie das ganze Weihnachtsessen mit Familie, Freunden, dem Arbeitgeber … verabscheuen – nur weil sie nach Weihnachten ihre angefressenen Pfunde wieder loswerden müssen, wollen! Aber das Weihnachten, das ich kannte, gibt es heute auch nicht mehr, jedenfalls bei uns nicht. Klar, man sitzt um den Weihnachtsbaum herum und singt vielleicht ein paar Weihnachtslieder, und Geschenke werden natürlich auch verteilt. Aber mittlerweile ist das nur noch eine Formsache. Die Gefühle sind nicht mehr die gleichen. Ich kann den Geist der Weihnacht nicht mehr spüren. Diese heilige Zeit hat an Magie verloren.

Zwei Wochen zu Hause zu sein, lässt einen manchmal verschiedenste Ideen in den Kopf treiben. Ich weiß noch, dass wir in der Klasse einmal einen YouTube-Film geschaut hatten. Bei wem das war, weiß ich nicht mehr. Es sollte wohl eine Art Präventionsangelegenheit sein, denn man hatte uns ausdrücklich gesagt, dass man das ja nicht machen sollte usw. Es handelte sich um eine Art Aufklärung zu SVV (Selbstverletzendes Verhalten). Was in diesen Menschen vorgeht, was sie von der Welt halten und wie man ihnen helfen könnte. Ich weiß nicht, ob die Leute es wussten, aber wenn man jungen Menschen etwas zeigt, was sie NICHT machen sollen und man es ihnen verbietet, bewirkt das meist genau das Gegenteil!

Mhm, ich könnte es ja mal ausprobieren. Nein, das geht doch nicht. Aber wieso eigentlich nicht? Was ist schon groß dabei?

Dann würde mir vielleicht endlich mal jemand zuhören, mich fragen, was mit mir los ist, wie ich mich WIRKLICH fühle. Ich meine, ich habe nichts zu verlieren. Einmal ausprobieren, nur ein kleiner Schnitt, schadet ja nicht. Denn immer nur überall unter die Räder zu kommen ist verdammt noch mal ein Scheiß-Gefühl. Jetzt müssen wir nur noch auf einen Moment warten, in dem wir ungestört sind, uns keiner beobachten oder stören könnte.

In der WIR-Form zu sprechen, hat mir häufig dabei geholfen, mich nicht allzu einsam zu fühlen.

Wie weiß man, ob der richtige Moment gekommen ist? Ich glaube, den richtigen Moment gibt es in solchen Situationen gar nicht.

Okay, es ist niemand zu Hause. Meine Eltern sind wieder mal wer weiß wo, meine Schwester ist arbeiten, und mein Bruder ist eh dauernd unterwegs. Nun gut. Aber womit mache ich es denn überhaupt? Rasierklinge? Ich glaube, wir haben gar keine im Haus, und extra einkaufen gehen mag ich nicht. Und außerdem: Mit einer Rasierklinge werden die Schnitte viel zu sauber. Nein. Was gäbe es denn noch?

Ich überlegte mir, welchen Gegenstand ich nehmen könnte, um den gewünschten Effekt zu erzielen.

Eine Säge. Aber wo kriege ich denn eine Säge in solcher Größe her? Ah, Moment mal. *Mir war in den Sinn gekommen, dass ich vor einigen Jahren einmal ein Taschenmesser geschenkt bekommen habe. Es war blau, und auf der Vorderseite war mein Name eingraviert. Ich wusste, dass es eine kleine Säge beinhaltete. Ich musste aber feststellen, dass sie viel zu grob war – das hätte nicht funktioniert. Vor allem hatte sie schon Rost angesetzt. Auch wenn ich lebensmüde war, hielt ich mich besser von dieser Klinge fern. Also musste ich mich wieder auf die Suche nach einer Klinge machen, die geeigneter dafür war.*

Wo gibt es sonst noch Messer? In der Küche. Okay, aber Mutter bemerkt sowieso immer, wenn man was benutzt hat. Also kommt das auch nicht infrage. Wo gäbe es denn … Jetzt weiß ich es. Daddy hat doch immer so viele Taschenmesser im Nachttisch! Mal aus dem Fenster schauen, noch niemand zu sehen, also los. *Also machte ich mich auf den Weg ins Schlafzimmer meiner*

Eltern, um bei meinem Vater ein wenig nach Messern zu suchen. Wie erwartet, bin ich dann auch fündig geworden. Es war ein in Leder verpacktes Leatherman® Tool Messer.

Perfekt. Das liegt gut in der Hand, und die Passform des Messers sieht auch gut aus, ein wenig gezackt und nicht vollkommen geradlinig ausgerichtet. Also, wo machen wir es denn? In meinem Zimmer wird's wohl am besten gehen. *Im Zimmer setzte ich mich dann an meinen Schreibtisch. Er war groß genug, und dort konnte ich auch meinen Arm auf die Tischplatte legen, um nicht abzurutschen.* Bin ich immer noch allein? Ich habe kein Auto gehört, dann werden wohl alle noch unterwegs sein. Ist ja keine Seltenheit. Na gut, lassen wir das.

Gedanken daran zu verlieren, welchen Arm ich nehmen würde, war gar nicht nötig. Ich bin Linkshänder, und somit erübrigten sich die restlichen Fragen. Mit der rechten Hand habe ich schon gar nicht genügend Kraft, die ich dafür gebraucht hätte.

Oberarm oder Unterarm? Ich denke Oberarm wäre gut, dann kann ich noch ein längeres Shirt anziehen, ohne dass es jemand bemerkt. Na, dann los! *Ich hatte das Messer bereits aus der Lederverpackung geholt und aufgeklappt. Es war noch relativ sauber, also habe ich mir um die Hygiene keine Sorgen gemacht. Da es nur ein Ausprobieren war, habe ich mich für den Oberarm entschieden, denn da befand sich schon eine Narbe. Die habe ich mir zugezogen, als ich beim Schwimmbad die Abdeckung entfernen wollte. Ich habe mich zu schnell gedreht und mich dann an der scharfen Aufhängung geschnitten. Obwohl der Schnitt relativ groß war, verwunderte es mich, dass ich keine Schmerzen gespürt hatte. Mitunter auch ein Grund, wieso ich das mal ausprobieren wollte: Ich wusste, dass mein Schmerzempfinden (auf physischer Basis) relativ gering war. Und da dort ja schon eine Narbe war, würde doch keiner auf den Gedanken kommen, dass ICH das gewesen sein könnte.*

Zuerst will ich sehen, wie sich das Messer anfühlt. *Ich setzte ein erstes Mal an.* Kalt, und trotzdem strahlt es eine gewisse Wärme aus. Was ist, wenn ich ein wenig stärker… *Ich hatte das Messer noch mal angesetzt und drückte jetzt mit etwas Kraft gegen die Haut, und da es extrem scharf geschliffen war, war schon an einigen Stellen Blut zu sehen.* Ich fühle ja gar nichts! Es tut ja nicht einmal weh. Na dann ... *Ich setzte ein zweites Mal an und drückte mit noch mehr Kraft das Messer in meine Haut. Jetzt war schon ein großer sichelartiger Einschnitt zu sehen. Das Blut fing langsam an, aus einzelnen Hautteilen zu fließen. Kleine, warme Tropfen Blut begannen sich an die Hautoberfläche zu kämpfen. Nur langsam waren einzelne rote Punkte zu sehen.* Was soll das denn? Also das kann ich nicht durchgehen lassen. Das ist ja nicht mal ein Kratzer. *Mit dieser kleinen Schürfwunde konnte ich mich nicht zufriedengeben. Also setzte ich ein drittes Mal an der gleichen Stelle an. Ich hielt die Luft an und spannte meine Muskeln.* Einfach durchziehen. *Das war leichter gesagt als getan. Ich hätte nie gedacht, dass meine Haut so zäh ist. Da mir das nun aber bekannt war, setzte ich all meine Kraft in diese eine Bewegung.* Und jetzt ZIEHEN! *Obwohl ich den Arm auf dem Tisch abgelegt hatte, bewegte sich der ganze Oberarm mit der Bewegung mit.* ENDLICH. *Der Schnitt hatte eine beachtliche Größe erreicht. Die Wunde füllte sich immer schneller mit dem warmen Blut, das sich dann einen Weg über meinen ganzen Arm bahnte. Wie eine rote Rose, die im Dickicht des Dornenwaldes zu blühen angefangen hat. Jede Blüte so vollkommen.* WOW. Was ist das für ein Gefühl in mir? Es ist so, so wohltuend. Eine wohlige Wärme erfüllt mich. Mein ganzer Körper ist erfüllt von dieser lieblichen Wärme. Was ist das? Ich fühle keine Last mehr, die auf mir ruht. Was ist passiert? *Und dann streifte mein Blick meinen rechten Arm. Eiskalt lief es mir den Rücken runter. Wie gefesselt starrte ich auf das Blut, das aus der Wunde floss.*

Kann das denn sein? *Da erstarrte ich zu einem großen Eisklotz, als mir klar wurde, dass ich dieses wohlige Gefühl, einzig und allein dieser Wunde an meinem Arm zu verdanken hatte.*

6. Kapitel

Und plötzlich fängt man an, vergessen zu wollen. Die Frage ist nun aber nicht, was wir vergessen, sondern wie wir es vergessen wollen.

Taschentücher ... scheiße ... ich brauche Taschentücher!
Ja, mir war während meines Rausches für einen Augenblick entfallen, dass solche Aktionen meistens blutig enden.
Himmel und Zwirn, ich brauche Taschentücher! Wo zum Teufel hat es Taschentücher?
Nachdem wieder ein wenig Ruhe in mich gefahren war, überlegte ich einen kurzen Moment, wo ich denn Taschentücher herbekommen könnte. Ich drehte mich mit dem Stuhl zum Bett, dem ich während der ganzen Aktion mit dem Messer meinen Rücken zugekehrt hatte. Mein Blick fiel auf meinen Nachttisch, und kurzerhand kam es mir wieder in den Sinn. Weinen ist nämlich in jedem Fall eine sehr nasse Angelegenheit, und da ist man dann und wann sehr froh darüber, wenn man im Vorfeld ein paar Taschentücher im Nachttisch verstaut hatte. Natürlich, meine Taschentücher. *Einen Augenblick lang später saß ich auf der Bettkante und tupfte mir mit 5-lagigen Papiertüchern den ganzen Arm ab. Bei etlichen Blutstreifen hatte sich schon eine kleine Kruste gebildet, da half nur ...* Spucke und reiben. *Die Blutung hatte sich ein wenig gelegt, und mit einem Tuch, das ich auf den Arm gepflastert hatte, machte ich mich schnellstens daran, die Blutflecken auf dem Parkettboden und dem Schreibtisch zu entfernen, da ich ein Geräusch wahrgenommen hatte, das einem Auto verdammt ähnlich war.*
Mist, jetzt doch noch nicht. *Ich hatte das restliche Blut weggewischt und schmiss alle Taschentücher in den Mülleimer. Natürlich darauf bedacht, es mit dem restlichen Müll gut durchzumischen. Sollte ja schließlich niemand mitkriegen.* Wer kommt denn jetzt schon nach Hause? *Gespannt sah ich aus dem Fenster, um herauszukriegen, wer auf dem Kiesweg vor unserem Haus geparkt hatte. Dem Klang nach zu urteilen muss es sich um ein etwas älteres Modell handeln. Ich hatte aus dem Fenster geschaut, um mich zu vergewissern.* Ach, nur

Schwesterherz mit ihrem kleinen grünen Ford Fiesta. Also, keine Panik. Die geht sowieso auf dem direkten Weg in ihr Zimmer, schließt die Tür, kommt nach kurzer Zeit noch mal raus, um aufs WC zu gehen, um nach fünf Minuten zurückzukommen und ihre Zimmertür hinter sich zu schließen und schlafen zu gehen. Ich habe mich dann *zur Sicherheit ins Bett gelegt und mich bis zum Hals unter mein Bettlaken geschoben.*

Einige Zeit war vergangen. Meine Eltern waren immer noch nicht zu Hause, aber das störte mich nicht im Geringsten. Ganz im Gegenteil, ich hatte dadurch die Zeit, die ich brauchte, um mir das Geschehene nochmals durch den Kopf gehen zu lassen. Na ja, ob das Resultat dieser Überlegungen gut oder schlecht ist, darüber lässt sich streiten.

Irgendwie war das gar nicht mal ein so schlechtes Gefühl, und es tut auch gar nicht weh. Mhm, es blutet aber immer noch. *Während ich meine Hand auf die offene Wunde gelegt hatte, damit das Blut nicht am Arm entlang lief, schlich ich die Treppe runter zum Verbandskasten, um nachzuschauen, ob ich irgendwelche Verbandssachen finde. Ich war nach einigem Suchen fündig geworden und habe mich mitsamt den Verbänden wieder auf den Weg nach oben gemacht. Ja genau, richtig gelesen, VERBÄNDE, also Mehrzahl, denn ich hatte nicht vor, es bei diesem einen Schnittchen zu belassen. Im Zimmer angekommen, setzte ich mich wieder an den Schreibtisch. Ich hatte das Messer fein säuberlich versteckt, sodass es auch ja niemand zu Gesicht bekommen konnte. Aber wenn man nicht aufpasst, geschieht halt ein Missgeschick.* Ach, so ein Blödsinn! Das nächste Mal lasse ich es gleich offen auf dem Tisch liegen. *Ich hatte mir nämlich den Kopf am Tischbein angehauen, als ich nach dem Messer greifen wollte.*

Na, dann wollen wir mal, an einem Arm gibt es ja schließlich nicht vergebens so viel Platz.

Ich hatte gerade unterhalb des ersten Schnittes eine Stelle gefunden, die für mein weiteres Vorhaben bestens geeignet war. Ich hatte aus dem Vorhergehenden gelernt und die Tischplatte vorsorglich mit Taschentüchern ausgelegt. Wir wollten ja schließlich nicht ein zweites Mal den ganzen Tisch verdrecken. Wie schon gesagt: Ich lerne schnell dazu. Was auch dazu führte, dass ich kein zweites Mal ansetzen musste, um einen anständigen Schnitt auf die Reihe zu bekommen. Die Wunde wurde sogar tiefer als die erste, weil ich dementsprechend viel Kraft eingesetzt hatte. *Na, geht doch! Ich spürte wieder dieses Gefühl. Im Nachhinein ist es schwierig zu erklären. Es war schon ein komplett anderes Gefühl als beim ersten Mal. Es war nicht Befreiung, die ich gefühlt hatte, denn die Probleme lösten sich dadurch ja schließlich nicht in Luft auf. Nein. Ein Gefühl wie ein Rausch. Man weiß nicht, was gerade geschehen war und man verliert keinen Moment an den nächsten Tag. Ein Rausch im Hier und Jetzt. Ich fühlte keinen Schmerz.* Na gut, die Wärme der Tischlampe brannte ein wenig auf der Haut, ich hatte sie angezündet, weil es mittlerweile stockdunkel geworden war. Es wurde nur schmerzhaft, wenn ich das noch warme Blut aus der Wunde rausgewischt hatte und das Licht direkt auf das nackte, freigelegte Fleisch schien. *Das tat weh. In diesem Moment war mir das aber herzlich egal. Denn dieses angenehme, entspannende Gefühl übertraf den Schmerz bei Weitem.* Aber nicht nur das war der Grund dafür, dass ich ein drittes Mal ansetzte. *Wie sieht das denn aus? Ein Arm, und alles, was ich fertigbringe, sind zwei lausige Schnitte? So nimmt mich ja nie jemand ernst. Was sollen die denn denken? Was für ein Weichei! Schafft es nicht einmal, sich richtige Wunden zuzufügen! Das geht ja mal gar nicht. So kriege ich nicht meine Aufmerksamkeit, sondern mache mich in der ganzen Öffentlichkeit bis auf die Knochen lächerlich. Und das war nicht in meinem Sinne. So hatte ich also einen weiteren Schnitt gemacht. Ob es dann schlussendlich drei oder vier Schnitte waren, daran kann ich mich nicht mehr erinnern.*

Sieh sich einer diese Schweinerei an. Die Blutung war noch bei keiner Wunde richtig gestillt, was dazu führte, dass sich eine Art rotfarbenes Spinnennetz über meinen Arm ergoss. Irgendwie ist es ja ganz schön anzusehen. Trotzdem: Wir müssen schauen, dass wir diese Verbände um den Arm kriegen. Ich hatte noch mal alles abgewischt und dann damit angefangen, den Arm einzuwickeln. Gar nicht schlecht. Zu meiner Verwunderung hatte ich es sogar einigermaßen gut hinbekommen. Nichtsdestotrotz fuhr gerade das Auto meiner Eltern in die Einfahrt, als ich mit dem Verbinden fertig war. SHIT! *Die ganzen, mit Blut getränkten Taschentücher lagen noch offen verstreut in der Gegend rum. Schleunigst hatte ich mir mein Langarmshirt angezogen, die dreckigen Tücher geschnappt und sie in die Nachttisch-*

schublade gesteckt. Das Licht hatte ich mittlerweile schon längst gelöscht, sonst hätten sie noch mitbekommen, dass ich noch wach bin. Puh, das war knapp! *Einmal tief durchgeatmet, lag ich zugedeckt in meinem Bett. Das Blut floss unaufhörlich weiter, und ich fühlte, wie die ganzen Verbandsstoffe langsam feucht wurden.* PAM, PAM, PAM. *Es war aber nicht mehr Zeit, darüber nachzudenken, denn meine Eltern stapften die Treppe hoch, und da sie auf dem Weg in ihr Zimmer meins durchwandern mussten, dauerte es keine fünf Sekunden, bis meine Zimmertür bis zu den Angeln offenstand.* Ganz ruhig. Langsam und still atmen. *So zu tun, als würde man schlafen, ist schwieriger, als die meisten denken.*

Nach etlichem Hin- und Hergelaufe meiner Eltern hatte sich die Situation beruhigt, und alle hatten sich in ihren Zimmern verkrochen. Kein Mucks war mehr zu hören. Das ist eine schöne Stille. Das gefällt mir. *Ich hatte mich tiefer in meine Matratze gedrückt und mich mit meiner Decke kuschelig eingewickelt. Wann ich jedoch eingeschlafen war, daran kann ich mich nicht mehr erinnern.*

7. Kapitel

Ich weiß nicht, wie ihr es mit der Wahrheit so handhabt, aber ich bin der Meinung, wenn alle immer nur die Wahrheit sagen würden, wäre das die Hölle auf Erden.

Einige Tage sind vergangen, seit ich angefangen habe, mich selbst zu verletzen. Wie so üblich hört man nach dem ersten Mal nicht auf, und so habe auch ich weitergemacht. Inzwischen waren es um die sechs oder sieben Schnitte, die sich über meinen Arm gezogen hatten. Im Nachhinein wundere ich mich, dass ich den größten Teil des Oberarms freigelassen hatte und sich die Schnitte mittlerweile langsam in Richtung Handrücken bewegten. Viele fragen sich bestimmt, wieso ich nicht die untere Seite des Arms benutzt hatte, wie bei so „kranken Leuten" wie mir eigentlich üblich. Bis dahin hatte ich auch noch nicht den Gedanken gefasst, mich umzubringen. Ich wollte lediglich Aufmerksamkeit. Doch das sollte sich auch noch ändern.

Riiiiiinnnggg riiiiinnnggggg, riiiiinnnggggg riinnnnnnnggg. Wie ich diesen verdammten Wecker hasse. Wieder ein Tag, an dem ich keinen Bock auf gar nichts habe. *Jaja, die Ferien waren durch, und die Schule hatte wieder begonnen.* Ich muss schauen, dass ich etwas Langes anziehe. *Diesen Gedanken hatte ich aber nicht aufgrund dessen, dass ich wieder zur Schule gehen musste. Nein, einzig und allein deswegen, weil alle zu Hause waren, wenn ich um halb vier von der Schule nach Hause kommen würde.* Es ist kalt draußen, ein etwas dickerer Pullover wird wohl nötig sein. *Ich hatte mir also eine Hose angezogen und mir meinen blauen und mindestens drei Nummern zu großen TR-Pullover geschnappt. Ehe ich mich versah, war ich schon auf dem Weg zur Schule. Mit dem Fahrrad, versteht sich.*

Ach ja, Schulgeflüster. *Im Grunde genommen ging ich ja auch gern zur Schule. Wie üblich versuchte ich mir nichts anmerken zu lassen.* „Schönen guten Morgen alle zusammen!", *schrie ich und trat ins Klassenzimmer.* „Ach, das kann ja nur Livia sein, so fröhlich und gut gelaunt um diese Uhrzeit schafft nur sie", *hörte ich jemanden aus den Reihen rufen. Da kamen auch schon Olivia und Sylvia auf mich zu. Wir begrüßten uns alle herzlichst, und dann ging auch schon wieder der Unterricht los. Der ganze Tag verlief eigentlich recht normal. Dass jedoch am Nachmittag eine solche Hitze war, das hätte ich nicht gedacht.* Wieso zum Teufel müssen die immer so viel heizen? Diese verdammte Hitze. *An diesem Nachmittag hatten wir mit Herrn Ledergerber Unterricht. Und da wir bei ihm sowieso so viel studieren mussten, war es noch viel heißer. Und die Tatsache, dass er uns die Fenster nicht öffnen ließ, weil das „reine Energieverschwendung" sei, da ja schließlich geheizt wurde, verbesserte die Situation nicht gerade. Mittlerweile bildeten sich Schweißtropfen auf meiner Haut, und ich musste mich entscheiden.* Wenn ich den Pullover ausziehe, können alle sehen, womit ich meine Ferien verbracht habe. Andererseits: Sie werden es früher oder später sowieso rauskriegen, und es war ja eigentlich in meinem Sinn, dass es die Leute sehen. Oder nicht? Doch, war es! Was wird wohl Herr Ledergerber sagen? *Seine Reaktion war ehrlich gesagt auch die Einzige, die mich wirklich interessierte.* Gut, dann tun wir es also? Okay. *Es hatte keine zwei Sekunden gedauert, und ich hatte mich meines Pullovers entledigt. Ich weiß noch, dass ich an meinem Pult saß, als alle angefangen hatten, sich um mich zu versammeln. Na ja, gut, nicht alle, aber ein großer Teil. Ich glaube, Olivia war eine der Ersten, die sich zu mir setzte.* „Du weißt, dass ich immer für dich da bin", sagte sie. Und schon geht's los. Ich will doch nicht, dass ihr mich bemitleidet. *Doch da hatte ich die Rechnung ohne meine Freunde gemacht.* „Hey, Livia, geht's dir gut?" Blöde Frage. „Was ist denn los, erzähl!" Ich kann euch ja schlecht sagen, dass ich mir mehr Aufmerksamkeit und vielleicht ein wenig mehr Mitmenschlichkeit von euch wünsche.

„Mir geht es gut, wirklich, alles in Ordnung."
„Ja, genau, das sieht man."
„Es mag ja so aussehen, aber mir geht's gut, es war lediglich eine Art ... ausprobieren." Livia, du kannst damit aufhören, zu Tode lächeln bringt's nicht. *Es hatte nicht lange gedauert, und der Trotz nahm wieder seinen Lauf.* Na, sieh mal einer an, die haben sich ja schnell damit abgefunden. *Ich war fast ein wenig geschockt. Aber was soll man machen? Umso schöner fand ich es, als sich Laura neben mich setzte.*

„Du, bitte, tu dir nichts an, okay? Du bist mir sehr wichtig, und ich möchte nicht, dass dir was passiert."

„Mach dir um mich nur keine Sorgen." *Ich hatte sie angelächelt und konnte mir eine Umarmung nicht verkneifen.*

„Ich bin für dich da, egal, was auch los ist, okay?"

„Okay, danke, Löiv." *Das war ihr Spitzname. Nur, dass wir auch wirklich wissen, von wem die Rede ist.*

Mhm, was denkt wohl Herr Ledergerber? Ich habe nach vorn geschaut, um zu sehen, wie er sich verhält. Stöbert weiter in seinem Papierkram. Ob er es wohl bemerkt hat? Den größten Teil des Nachmittags habe ich damit verbracht, mit Olivia und ein paar anderen zusammen die Matheaufgaben zu lösen. Da mein Arm wirklich nicht zu übersehen war, habe ich angenommen, dass Herr Ledergerber schon längst Notiz davon genommen hatte. Okay, es mag ja vielleicht nichts so extrem Gravierendes sein, aber ein bisschen mehr Interesse könnte er schon zeigen. Ich hatte es nie für möglich gehalten, dass es ihn so kalt lässt. Na ja, dann arbeiten wir einfach normal weiter. Da wir zu fünft waren, haben wir nach der Fünf-Minuten-Pause beschlossen, vorn am Tisch neben dem Lehrerpult weiterzuarbeiten. Wir waren gerade voll in Fahrt und studierten an einer Aufgabe herum. Wie schon erwähnt, waren meine schulischen Talente nicht allzu schlecht, was mir hin und wieder einen Glücksmoment bescherte.

„Hey, Leute, ich glaube, ich hab's rausgefunden."

„Na, worauf wartest du dann noch? Na los, erklär schon!" *Bevor ich aber auf die andere Tischseite wechselte, hatte ich mir wieder meinen Pulli ausgezogen, den ich mir in der Pause wieder überziehen musste, weil es so kalt war. Ich hängte den Fetzen an den Stuhl und ging auf die andere Seite, damit ich die Rechenaufgabe allen besser erklären konnte. Jetzt befand ich mich auf derselben Seite, auf der auch Herr Ledergerber an seinem Pult saß.*

„Also gut, nun hört mal zu! Es ist gar nicht schwierig." *Ich habe ihnen meine Vorgehensweise erklärt.*

„Also, ich check es immer noch nicht."

„Ach komm, das kann doch nicht so schwer sein." *Ich hatte mir mein Heft geschnappt, und da ich all die Sachen im Stehen erklärt hatte, musste ich mich nun mit dem Arm abstützen, und da alle links von mir gesessen hatten, habe ich mich mit dem rechten Arm abgestützt. Mit dem Arm, der in die direkte Blickrichtung meines Lehrers zeigte. Und diesen nächsten Bruchteil eines Moments werde ich in meinem ganzen Leben wohl nie wieder vergessen.*

8. Kapitel

Lass deine Gefühle zu, egal wie sie aussehen. Denn das sind die Gedanken deiner Seele, und deine Seele ist das, was dich zu dem macht, was du bist.

Alles geschah in Bruchteilen einer Sekunde. Ich legte meine Hand auf den Tisch und den Arm, welcher immer noch in Herrn Ledergerbers Richtung wies, drehte ich absichtlich noch ein Stück weiter in sein Blickfeld. Dann geschah alles unglaublich schnell. Ich wollte weiter die Aufgaben erklären, aber ich kam nicht dazu. Ein Stechen, einem Blitzschlag ähnlich, traf meinen Arm mit voller Wucht. Diese gewaltige Energie durchströmte meinen ganzen Körper. Ich hatte für einen kurzen Moment das Gefühl zu ersticken. Jeder noch so kleine Teil meines Leibes wurde zu Boden gerungen und gleichzeitig hoch in die Lüfte gehoben. Ich fing innerlich an zu zittern. Eine Aufregung war in mir. Innerlich fühlte es sich an, als würde mein ganzer Körper zerbersten. Äußerlich war ich unfähig, auch nur die kleinste Bewegung zu machen. Was geht hier vor? *Langsam, aber stetig bildeten sich kleine, glasige Perlen auf meiner Haut.* Ich schwitze? Was zum Teufel ist hier los? *Ich hob meinen Kopf, um mir Klarheit über das Ganze zu verschaffen. Ich blickte mit erhobenem Kopf zu meinen Mitschülern. Doch für Überlegungen war es zu spät. Aus den Augenwinkeln nahm ich es wahr. Wieder dieser stechende Schmerz. Ich neigte meinen Kopf nur ganz leicht, um zu sehen, was an meiner rechten Seite vor sich ging. Und so plötzlich, wie meine Augen in seine blickten, wurde mir alles klar. Sein Blick war es! Einzig und allein sein Blick war für all dies verantwortlich! So schnell es begann, so schnell hatte ich den Kopf auch schon wieder in die andere Richtung geneigt. Ich ließ ihn aber nicht aus den Augenwinkeln verschwinden. Da begann es. Aus all der Wärme, all dieser Energie, kamen seltsame Dinge hervor.* Was ist das? Ich fühle … Trauer … Mitleid … Angst? *Unglaubliche Gefühle durchströmten mich. Es waren Angst, innigste Bedrücktheit, Unwissenheit, Mitleid!* Sind das meine Gefühle? Bin ich denn überhaupt dazu in der Lage, zu fühlen? *Doch als ich meinen Kopf wieder wandte, wusste ich, dass dem nicht so war.* Sein Blick ruhte auf meinem Arm. Er? Er ist das also? *Mir wurde klar, dass das nicht meine Gefühle waren, die mich mit unendlicher Innigkeit durchströmten und unter Kontrolle hielten, nein, es waren seine! So starkes Entsetzen über etwas, das geschehen war, so mitreißende Ängste und Fragen in einem einzigen Gesicht erblicken zu müssen, das wünsche ich niemandem.*

Doch in seinen Blick trat Licht ein. Seinen nächsten Gesichtsausdruck weiß ich bis heute jedoch nicht zu deuten. Eine leicht abweisende Miene. In ein Sprachrätsel gesteckt würde ich fast sagen: eine Art Ignoranz. „Wenn du es so willst, dann bitte. Ich verstehe es zwar nicht, aber mir soll's recht sein." *So in etwa hätte es für mich geklungen, wenn er es denn auch wirklich ausgesprochen hätte.* Was sollte denn das werden? *Das war mir alles gerade ein wenig zu viel. Herr Ledergerber arbeitete inzwischen weiter an seinem … was auch immer er da gemacht hat. Und ich? Er dachte höchstwahrscheinlich, er hätte das alles nur geträumt.* Ganz toll. Wirklich super. Sogar ihn lässt es kalt. Na wartet nur, das war noch nicht alles, was ich zu bieten habe. *Ich hatte das Erklären der Aufgaben aufgegeben und mich wieder an meinen Platz gesetzt. Nun saß ich Herrn Ledergerber geradewegs diagonal gegenüber. Ich traute mich kaum, meinen Kopf zu heben – aus beklemmender Angst, meine Augen könnten in sein Blickfeld geraten.* Verdammt. Das ist ja nicht auszuhalten. *Mir wurde leicht schwindlig. Ich musste mir unbedingt Luft verschaffen. Ohne zu zögern hob ich meinen Kopf nur für einen ganz kurzen Moment:* „Herr Ledergerber, dürfte ich schnell auf die Toilette?" *Um ihn dann schleunigst wieder zu senken.*

„Geh nur." *Das ließ ich mir nicht zweimal sagen. Abrupt erhob ich mich aus meinem Stuhl und trat in Richtung Klassenzimmertür. Ich hatte es damals nicht bemerkt, aber ich habe instinktiv meinen Pullover geschnappt und ihn mir übergezogen. Keine Ahnung, wieso ich das getan habe. Es hatte sich wohl schon in meinen Instinkt eingefressen?*

Ich will nur so schnell wie möglich raus hier.

9. Kapitel

Es gibt Zeiten, in denen wir nur dafür leben, um zu hören, was die anderen über uns denken. Und genau in diesen Momenten sind wir am verletzlichsten – denn genau das, was der dir gegenüberstehende Mensch zu diesem Zeitpunkt zu dir sagt oder eben nicht sagt, kann dein ganzes restliches Leben bestimmen.

Ich weiß ja nicht, ob man eine Tür auch (auf)schlagen kann, aber es war mir fast so vorgekommen. Was mache ich hier eigentlich? Habe ich nicht mehr alle Tassen im Schrank? Bin ich nicht mal mehr fähig, ein Geheimnis für mich zu behalten? Ich stelle einfach so zur Schau, was ich in den letzten Ferien so alles getrieben habe. Toll, ganz toll.
Auf dem Weg zur Toilette habe ich die Schweißausbrüche bekommen, die ich im Schulzimmer noch erfolgreich verdrängt hatte. Wieso musste ich auch so einen fetten Winterpullover anziehen? Diese verdammte Hitze – und ausziehen kann ich ihn nach dieser Aktion nicht mehr. Das ist ja nicht zu fassen. Nachdenken, Livia, fang gefälligst endlich mal an, deinen Verstand zu gebrauchen. *Ich hatte insgeheim gehofft, im Mädchenwaschraum niemand anderen anzutreffen. Glücklicherweise war ich allein.* Wie siehst du denn aus? *Ich hatte mich mit den Händen auf dem Waschbecken abgestützt und mich im Spiegel betrachtet. Ich kann nicht genau sagen, wen ich vor mir gesehen habe. Welcher Teil von mir war es? Ich kann es nicht sagen. Ich hatte schon so viele Gesichter annehmen müssen, dass ich gar nicht mehr wusste, welches überhaupt mein Gesicht war. In meinem Spiegelbild habe ich nach etwas gesucht: ein Funke? Eine Bewegung? Irgendein Zeichen, das mir beweist, dass ich es bin. Aber ich habe nichts gefunden. Stille, einsame Leere, ein Blick, der tausend Worte verschweigt.* Wasser! Wasser, das sich in meinen Handflächen sammelt. Es ist so klar und rein, als würde es die Wahrheit auf all meine Fragen in sich tragen. Wasser, so klar und rein. Es fließt über meine geröteten Wangen, so schimmernd wie ein Diamant in der Sonne. Meine

Lippen fangen einen Tropfen ein. Salzig? Bitter? Nein, süß! Süß wie Honig. Ist in ihm die Wahrheit verborgen? Nein. Nirgendwo. Sie fallen zu Boden! Die golden glänzenden Wasserdiamanten, sie fallen zu Boden. *Und mit ihnen war die Wahrheit verschwunden.*

Auf in den Kampf. *Im Hinterkopf wusste ich ganz genau, dass draußen jemand warten würde, um eine Erklärung zu erhalten. Aus diesem Grund hatte ich vergeblich versucht, Zeit zu gewinnen. Aber am Ende musste ich nachgeben. Ich hatte keine andere Wahl. Ich öffnete die Tür und trat auf den Schulflur. Ich hatte es nicht nötig, meinen Kopf zu wenden. Während ich die Tür schloss, sah ich aus den Augenwinkeln, dass jemand vor unserem Klassenzimmer auf der Bank Platz genommen hatte.* Herr Ledergerber? Ich habe es ja irgendwie gehofft, aber das hätte jetzt wirklich nicht sein müssen. Wie lange sitzt der wohl schon da? Na egal, an ihm komme ich ja sowieso nicht vorbei. *In Richtung Klassenzimmer laufend, fingen die Schweißausbrüche wieder an.* Dieser Blick. Was er wohl erwartet? Ach, komm schon, streng dich mal ein wenig an. Es wird halb so schlimm werden! *Ich hatte seinen Ausdruck gedeutet und zögernd neben ihm auf der Schulbank Platz genommen. Wie Lehrer so sind, hat er das Wort ergriffen.* „Als du vorhin deinen Pullover ausgezogen hast, hast du etwas auf deinem Arm zur Schau gestellt. Erklär mir mal, was war das genau?"

Hat der mich das jetzt ernsthaft gefragt? *Klar wusste er, was es war. Er wollte es nur von mir persönlich noch mal hören.* „Nichts!" *Ich habe auf meinen Pullover gestarrt, und er hat mich aufgefordert, ihm meinen Arm zu zeigen.* „Zeig mal her!" *Er hatte mich mit einer sehr sanften und doch bestimmenden Miene angeschaut. Da konnte ich wohl kaum Nein sagen. Ich habe den Pulli nur bis zum Ellenbogen hinaufgekrempelt, sodass nur zwei Schnittwunden sichtbar wurden.* Man muss es ja nicht gleich provozieren. „Woher kommen diese Wunden?" *Manchen mag diese Frage komisch vorkommen, aber für mich war sie gar nicht mal so fehl am Platze.*

„Selbst gemacht!" Als wüsstest du das nicht schon längst. *Sein Blick war immer noch derselbe wie vorhin.* Hat er mir überhaupt zugehört? Wieso sagt er denn nichts? *Mir fällt heute erst auf, dass er damals nur ein einziges Mal auf die Narben geschaut hatte. Den Grund dafür wüsste ich gern. Hatte er eine andere Antwort erwartet? War er zu verlegen, oder war es ihm vielleicht sogar peinlich? Ich weiß es nicht. Irgendwie kann ich ihn ja auch verstehen. Ich meine, nicht jeder wird mit solchen Tatsachen überfallen. Da kann es auch schon mal passieren, dass man nicht genau weiß, was man sagt. Aber was er als Nächstes zu mir gesagt hat – ich kann es nicht mal richtig in Worte fassen, wie mir in diesem Moment zumute war. Es war kein „Bitte hör auf damit" oder „Lass das sein, das hast du nicht verdient". Nein. Es waren drei Worte. Drei Worte, die sich in meine Seele eingebrannt hatten. Noch heute denke ich viel über diese Worte nach, die tief in meinem Innern verwurzelt sind. Drei so harmlose Worte, die für Normalsterbliche jedwede Bedeutung haben. Doch ich war fassungslos. „Einfach nicht tiefer!"*

Das schwarze Loch, das sich schon ein Weilchen direkt unter meinen Füßen befand, öffnete sich zu einem riesigen schwarz-roten Tunnel, und ich konnte die Hölle förmlich brennen sehen. Es kostete mich enorme Überwindung, nicht aus der Haut zu fahren.

Mhm, vielleicht habe ich ihn nicht richtig verstanden. Was er wohl damit gemeint hat? Ich meine, das kann ja wohl nicht sein Ernst sein. Oder? Ich will Aufmerksamkeit, ich will, dass man Notiz von mir nimmt. Und das ist das Einzige, was ihm dazu einfällt?

Ich redete mir pausenlos ein, dass da noch etwas kommen würde: eine Bitte, eine Ermahnung oder irgendetwas, was mir gezeigt hätte, dass es ihm nicht egal war. Aber es kam nichts.

Das war's also wirklich schon? Na gut, wenn das so ist, dann spielen wir das Spielchen mal schön mit.

Ich hatte mich auf diese Worte eingelassen und ihn mit einem einigermaßen verständlichen Blick angeschaut, so, als ob ich mir die Worte, die er da benutzt hat, wirklich zu Herzen nehmen würde.

Wir beendeten das Gespräch so schnell, wie wir es begonnen hatten, und gingen wieder ins Klassenzimmer zurück. Ob mich die anderen gefragt haben, was wir vor der Tür besprochen hatten? Ich kann mich nicht mehr daran erinnern. In diesem Moment hatte ich nur einen Gedanken.

10. Kapitel

Die beste Art, eine Versuchung loszuwerden ist, ihr nachzugeben. (Oscar Wilde)

Der Nachmittag verging wie im Flug, und schon war wieder der Abend gekommen. Die Dunkelheit legte sich wie eine sanfte Decke erneut über die Welt. Ich war allein zu Hause, wie üblich. Endlich hatte ich meine Ruhe. Nun konnte ich mir die Worte von Herrn Ledergerber zu Herzen nehmen. Und wie jedermann weiß, verstehen die Frauen meist das Gegenteil dessen, was sie gehört haben.

So, habe ich alles beisammen? Messer, Tücher, Verbände. Ja, so weit so gut. Wir wollen ja nicht, dass es wieder so eine Schweinerei gibt wie neulich.

Nicht nur wegen dieser Worte habe ich mich erneut an meinen Schreibtisch gesetzt, nein, irgendetwas in mir verlangte danach. Ein Verlangen, als würde es um Leben und Tod gehen. Ein Gefühl ganz tief in mir, das ich wieder fühlen wollte. Wärme, Geborgenheit, ein Gefühl des Trostes, eine Kraft, Verständnis, das Gefühl, nicht allein zu sein. All das wollte ich wieder haben, und es gab in diesem Moment nur eine Möglichkeit, diese Kraft wieder spüren zu können.

Einfach nicht tiefer, man(n), der hat vielleicht Nerven. Ich werde dem zeigen, was „einfach nicht tiefer" in meinem Wortschatz bedeutet. Sollte ich das Messer vorher vielleicht noch ein wenig mit Alkohol reinigen? Ach, wozu denn, hat ja seither kein anderer benutzt als ich. *Ich wusste es, weil ich das Messer in meinem Nachttisch verstaut hatte.*

Ich muss meine ganze Kraft in diesen Versuch setzen, ich habe keine andere Wahl.

Wieso hatte ich keine andere Wahl? Irgendeinen Grund wird es wohl gegeben haben, aber ich weiß nicht genau, woran es gelegen hat. Doch, natürlich: Ich wollte mir die Schande ersparen, mich vor den anderen oder meinem Lehrer ohne weitere tiefere Schnitte blicken zu lassen. Was würde er denn denken, wenn ich nur ein paar kleine Kratzer machen würde? „Das ging ja schnell. Ist wohl wirklich nicht so schlimm." Nein, das kann ich nicht auf mir sitzen lassen. *Mit diesen Gedanken griff ich zum Messer. Ich sammelte meine Kräfte, denn was ich vorhatte, würde immense Energie benötigen. Ich legte den ganzen Tisch mit Papiertüchern aus – was im Nachhinein gar keine schlechte Idee war.*

Ich muss einen passenden Winkel erwischen, sonst klappt es nicht. Ja, das sollte gehen.

Ich hatte mir eine Stelle am Oberarm ausgesucht, die wohl ausreichen würde. Ich schnappte mir das Messer und setzte an. Da war sie wieder, diese Kälte. Die Kälte der Klinge, die Kälte jeder einzelnen scharfen Kante, die sich sanft und doch kräftig an deine Haut schmiegt und ihr langsam die Wärme entzieht. Das Zimmer war in völlige Dunkelheit gehüllt, nur eine kleine Lichtkugel leuchtete durch den Raum. Die Glühbirne erhitzte sich sehr schnell. Die Wärme brannte auf meiner Haut. Es war ein Wechselspiel zwischen heiß und kalt. Doch davon habe ich in diesem Moment nichts mitbekommen. Mir schwebte nur eines im Kopf herum. Erlösung.

Dieses Gefühl, ich will nur endlich dieses Gefühl zurück! Komm zu mir, ich brauche dich!

Leben spendendes Blut, rot wie die Rosen und rein wie die Seele eines Kindes. Dieses Gefühl, als wäre dir die Last der ganzen Welt von den Schultern genommen worden. Du siehst es, du siehst Leben, unendliches Leben, wie es in dir bebt. Du lebst, du fühlst jeden Augenblick, spürst die Wärme deines Lebens, die Wärme deines Herzens. Die Luft, die du einatmest, war noch nie so klar. Dein Atem geht still und langsam, du lässt dich ohne Hemmungen los und fällst in die Freiheit.

Keine Ewigkeit hätte in diesem Moment ausgereicht, um dieses Gefühl beschreiben zu können. Nichts hätte ansatzweise zum Ausdruck gebracht, wie befreit ich in diesem Augenblick war. Man könnte es so ausdrücken: Ich bin ein einzelner Tropfen, und das Gefühl, die Freiheit, die ich gespürt habe, ist der Ozean, in dem ich schwimme.

Wieso kann die Welt nicht immer so sein? So voller Erfüllung und Frieden. Warum gibt es so viel Schlechtes in dieser Welt? Schande, die die Menschen über die Welt bringen. So vieles, was wir nicht verstehen können oder nicht verstehen wollen. So viele Fragen. Und niemand hilft mit, sich darüber Gedanken zu machen. Ich bin auf mich allein gestellt. Ich bin allein.

11. Kapitel

Aus einem tiefen Loch gezogen zu werden, in dem man feststeckt, ist schwieriger, als man denkt. Es ist nicht nur so, dass die Menschen zuerst wissen müssen, dass du dich in einem Loch befindest, nein ...

OH VERDAMMT! *Ich hatte in meiner ganzen Benommenheitsphase überhaupt nicht bemerkt, dass ein Auto gekommen war.* Meine Eltern. Mist. Was zum Teufel suchen die denn schon hier? Na ja, egal, jammern bringt jetzt auch nichts. Wo ist meine Jacke?
Mein Unterbewusstsein war wieder mal schneller als ich, denn ich hatte die Jacke bereits auf dem Bett zurechtgelegt, nur für den Fall der Fälle.
Nun aber schnell ins Bett und keinen Mucks mehr. *Das Licht war schon längst gelöscht, und ich hatte mir Mühe gegeben, die knarrenden Dielen zu umgehen – was in einem Haus, das aus puren Holzböden bestand, alles andere als einfach war. Aber schlussendlich hatte ich es dann doch noch geschafft, ohne bemerkt zu werden. Ich hatte meinen Rücken von der Tür weggedreht und mich bis zum Hals unter die Decke gezwängt. Den Schritten lauschend, zügelte ich meinen Atem, so gut es ging. Immer lauter wurde das Knarren, und der Lärm dröhnte in meinen Ohren wie die Turbinen eines Flugzeugs. Ehe ich mich versah, war ich kurzerhand wieder auf den Boden der Tatsachen geschleudert worden. Die Benommenheit lies nach, der Schmerz jedoch ist geblieben.
Solchen Schmerz zu vergleichen ist immer so eine Sache, weil man nicht weiß, wie man sein eigenes Schmerzempfinden so beschreiben könnte, dass es mehr oder weniger dieselbe Wirkung auf das Empfinden anderer Leute hat. Außerdem war hier nicht nur der körperliche Schmerz, sondern vor allem auch der seelische ausschlaggebend für das Gefühl, das ich in diesem Augenblick in meiner Jacke, zugedeckt unter der Decke, ertragen musste.
Es fing ganz langsam und schleichend an, als an meinem Arm etwas zu zwicken begann. Vergleichbar mit einigen Bienenstichen, nur mit dem Unterschied, dass es nicht juckt, sondern brennt. Du liegst einfach so da, bemüht darum, dich nicht zu bewegen, weil jede Bewegung Geräusche*

verursacht. Und mit dem dauernden Aufstehen und Nachsehen, ob alles in Ordnung ist bzw. was man überhaupt treibt, sobald sie irgendein Geräusch gehört hat, hat meine Mutter nicht gerade Pluspunkte gesammelt.

Du liegst da, starr und wogenlos wie die See. Sie mag zwar so aussehen, aber in ihrem Innersten geht ein heftiger Kampf vonstatten, von dem die an der Oberfläche nichts mitbekommen. Einzig und allein du selbst weißt, was vorgeht, und in diesem Moment weißt du nur eins. Es tut weh.

Eine Wolljacke – was Besseres ist mir wohl nicht eingefallen. Die Wolljacke fing an, sich an meiner Haut festzukleben. Viele einzelne kleine Wollteilchen haben sich in die Wunden gefressen. Immer noch strömt Blut, und es versenkt die blauen Fetzen in einem Meer aus roter Farbe, das langsam und doch ganz zielgerichtet über meinen Arm hinwegfließt. Und Schmerz macht sich breit. Vor allem jetzt, da dir die Benommenheit fehlt, um mit den körperlichen Schmerzen klarzukommen. Es wird unerträglich. Mit einem weltlichen Schmerz zu vergleichen – obwohl es ja ohne Zweifel einer ist –, ging nicht und geht auch bis heute nicht. Man kann vielleicht ein paar wage Vermutungen anstellen, was mehr oder weniger dem entsprechen würde, was mir in diesem Moment widerfahren ist. Ein Schmerz, der dich zerfrisst.

Ich persönlich kenne das Gefühl nicht, ein Kind zu verlieren, zu sehen, dass man sein eigenes Kind überlebt hat und eine lange Zeit ohne es auskommen muss. Meine Menschenkenntnis und meine Fähigkeit, ihre Gefühle einschätzen zu können, erlauben es mir, diesen Schmerz als annähernden Vergleich nehmen zu können. Natürlich ist es nicht dasselbe, denn jeder Schmerz ist anders. Ob ich mir mein Bein breche oder einen Arm, ist nicht derselbe Schmerz. Ob ich am Knie oder an der Schulter operiert wurde, ist nicht dasselbe. Es tut zwar weh, aber es tut dies nicht auf dieselbe Art und Weise. Und genau so ist es auch mit dem inneren Schmerz. Wir alle haben Gefühle. Nicht jeder zeigt sie, aber alle haben sie. Du kannst gedemütigt werden und gar nichts davon mitbekommen. Oder du kannst einen anderen demütigen und ihn so geradewegs in die Hölle katapultieren. Was dich nicht im Geringsten kratzt, könnte für jemand anderen schon lebensbedrohlich sein.

Es zerfrisst dich, aber du musst standhalten. Alles tut weh, jede kleinste Bewegung ist wie ein Bad in einem Nesselhaufen. Wunden, die brennen. Wunden, die dich bis in dein Innerstes zerfetzen und nur kleine Teilchen von dem übrig lassen, was du einmal warst. Du wirst nie wieder so sein. Alles wird sich ändern. Deine Gefühle strömen unkontrolliert, und du kannst sie nicht bändigen. Nichts liegt mehr in deiner Macht. Du spürst, wie dir alles entgleitet. Dein Atem verschmilzt mit dem pochenden Schlag deines Herzens. Du fällst in dich zusammen, schließt deine Augen und fliehst dorthin, wohin dir niemand folgen kann.

12. Kapitel

Die größte Schwierigkeit liegt darin, dass die Menschen, die davon wissen, auch bereit sind, dir zu helfen, und in diesem Augenblick, in welchem sie sich entschieden haben, dir beizustehen, auch in der Lage sind, das Richtige zu tun.

Ich habe keine Ahnung, wann ich eingeschlafen war. Es wird aber meinen feuchten Wangen nach zu urteilen wohl keine sehr lange Nacht gewesen sein. Es war der Tag, der auf den vorigen folgte. Nicht Wochenende, nein, ein gewöhnlicher Schultag, wie immer. Nein, es war nicht wie immer. Kein Tag wird mehr wie immer sein. Alles wird sich ändern. Nicht nur ich habe mich verändert, nein. Was noch viel wichtiger ist: Die anderen werden sich ändern. Das glaubte ich zumindest.

Wieder einmal früher erwacht als der Wecker. Auch gut. Na, dann mal los. Mhm, wieso bin ich plötzlich so aufgeregt? Sie haben die Narben ja alle schon gesehen. Ja, aber sie haben diese Narben noch nicht gesehen. Nimmt mich wunder, wie sie reagieren werden. Ändern wird sich aber, glaube ich, dennoch nicht sehr viel. *Da hatte ich eine falsche Rechnung aufgemacht.*

Verständlicherweise war mein Arm auf dem Weg zur Schule bereits verbunden – das wäre ja sonst eine regelrechte Zumutung gewesen. Keine schlechte Vorkehrungsmaßnahme, denn dadurch war klar, dass da noch mehr sein musste, und die schlussfolgernde Konsequenz daraus war anhand der Neugierde des Menschen weit vorhersehbar. Es gibt in diesem Fall zwei Arten von Menschen. Die, die dich wie aus der Pistole geschossen mit den vollendeten Tatsachen konfrontieren – und die, die aufgrund der Angst, wie ich reagieren könnte, nicht den Mumm haben zu fragen. Oder vielleicht haben sie auch nur Angst vor der Antwort, die ich ihnen geben könnte.

„Guten Morgen!" *Im Nachhinein könnte ich mich dafür ohrfeigen. Wenn ich wollte, dass sich die Leute um mich herum ändern, müsste ich mich zuerst selbst ändern. Aber mein Sternzeichen ist Krebs, und ich stehe nicht sonderlich auf Veränderungen. Dabei wusste ich gar nicht, dass die Veränderung schon lange zuvor begonnen hatte. Aber mehr dazu ein anderes Mal.*

Unterricht wie gewöhnlich. Die anderen Lehrer hatten „noch" keine Ahnung davon. Von daher war ein gewöhnlicher Schulmorgen gerade sehr angenehm. Es war nämlich gewöhnlich in jedem Sinn. *Die anderen hatten sich wohl schon damit abgefunden, dass es mir schlecht ging, haben sie doch einfach frisch fröhlich weitergemacht wie bisher.* Kein Problem, beachtet mich gar nicht, spielt ja keine Rolle, dass sich mein Arm anfühlt wie ein einziges Nadelkissen. Es scheint euch wohl wirklich egal zu sein. Nur schauen, dass man sich um euch kümmert, wenn ihr mal jemanden braucht, nicht wahr? Ach, kommt, hört auf, euer Mitleidsgetue, das ihr abspielt, nur damit ihr euer Gewissen ein wenig beruhigt habt. Darauf kann ich verzichten. *Und alles nahm seinen Lauf, so wie immer. Dachte ich – bis mich jemand verblüfft und vom Gegenteil überzeugt hat. Keine Ahnung, welche Stunde wir gerade hatten, auf jeden Fall waren wir mit anderem beschäftigt bzw. die anderen waren mit anderem beschäftigt, und ich saß an meinem Platz und tat so, als hätte ich was zu tun, um nicht wie ein Ölgötze da zu stehen und so auszusehen, als hätte ich keine Freunde – was natürlich nie der Fall war. Ich hatte es mir immer nur eingeredet.*

„Livia?"

Ich hatte bemerkt, dass jemand neben mir stand, habe mich daraufhin auf meinem Stuhl gedreht und meinen Kopf aufgerichtet, um zu sehen, wer nach meiner Wenigkeit verlangt hatte. Es war Laura. Ich hatte bis dahin nie viel mit ihr zu tun – eine Schulkameradin wie die anderen auch. Aber dieser Moment, als sie sich neben mich setzte, war, als wären meine Gebete erhört worden.

„Bitte hör auf damit!" *Sie klang nicht wie sonst, in ihrer Stimme lag ein Anflug von Traurigkeit.*

„Es ist ja nicht so schlimm. Ich wollte es ja nur mal ausprobieren, also, keine Panik." *Das war übrigens meine Standardantwort.*

„Nein." *Ihr vorhin gezwungenes Lächeln, das sie aufsetzte, um nicht so ernst zu klingen, war von einem Augenblick auf den anderen völlig verschwunden.* „Nein. Ich will nicht, dass du das tust, ich will nicht, dass du dir selbst wehtust!"

Ich weiß nicht, was ich in diesem Moment für ein Gesicht gemacht habe, aber ich werde einen sehr irritierenden Gesichtsausdruck gehabt haben. Das ist ja schön und gut, aber das habe ich in letzter Zeit oft zu hören bekommen. Tu's nicht. Es hat doch keinen Sinn etc. Ist zwar nett, bringt mir aber nicht viel.

„Du musst dir keine Sorgen machen, ich werde es in Zukunft lassen." Von wegen. *Ich wandte mich wieder meiner ach so wichtigen Beschäftigung zu und hatte das Gespräch fast schon wieder vergessen. Das war wohl auch der Grund, wieso es mir einen regelrechten Schauer über den Rücken jagte. Sie hat es nicht geschrien oder mir aufgebunden, nein, es war sanft, zwar direkt, aber die Angst in ihren Worten war zu spüren. Ein ganz gewöhnlicher Satz, aber so ernst gemeint und mit so viel Verständnis – das habe ich selten erlebt.*

„Ich habe Angst um dich." *Und während sie es sagte, entwich ihr eine kleine Träne aus dem Augenwinkel. Mir ist bis heute wohl kein Mensch mehr begegnet, der einen Satz so ernst gemeint hat. Ich musste mich einen kurzen Moment lang zusammenreißen.* Sie hat Angst um mich? Um mich? Wieso gerade ich? Ich habe doch nie wirklich viel Zeit mit ihr verbracht. *Von diesem Zeitpunkt an war es aber nicht mehr so. Vielleicht nicht überaus viel, doch die Zeit, die wir miteinander verbracht haben, habe ich genossen.*

„Ach, das musst du nicht, mach dir keine so großen Gedanken darüber. Ich komme schon klar." *In diesem Moment war mein einziges Ziel, sie zu beruhigen. Keine falschen Hintergedanken, keine Anschuldigungen oder Sonstiges. Ich wollte sie einfach nur beruhigen.* „Na, komm her." *Wir haben uns in die Arme genommen, und ich wusste, dass das noch nicht vorbei war. Der Unterricht nahm seinen gewohnten Lauf. Am Mittag hieß es dann noch natürlicher tun als ohnehin schon. Das klappte bestens.*

„Tu dies, mach das, und wenn du fertig bist, dann noch das. Oh, wieso ist das immer noch nicht erledigt?"

Ja, es ist alles wie gewohnt. *Die Schule begann wie üblich um halb zwei. Dass ich das Haus, mit einem Schulweg von knapp fünf Minuten, 40 Minuten früher verlassen hatte, war die logische Schlussfolgerung.* Langsam halte ich diesen ganzen verdammten Mist nicht mehr aus. Was wollen die alle von mir? Schert euch doch zum Teufel.

Der Nachmittag war, wie ein gewöhnlicher Freitagnachmittag mit Mathematik und Lebenskunde es halt war. Alles wie immer? Hat denn mein Bitten und mein Flehen nichts gebracht? Niemand nimmt mehr Notiz davon. Ist der Zauber denn schon verschwunden? Wohin ist er? Ich habe mir so viel Mühe gegeben, und das ist alles, was ich dafür kriege? Sind die Menschen wirklich so austauschbar? Gibt es nichts, was du tun kannst, um im Gedächtnis einzelner oder vielleicht sogar vieler Menschen zu bleiben? Ist jeder denn so sehr mit sich selber beschäftigt? Was muss ich denn tun, um beachtet zu werden? Ich kann keine Musik komponieren, die die Welt bewegt. Ich kann keine 7-teilige Fantasy-Geschichte schreiben, die in praktisch allen Sprachen übersetzt wird. Ich bin einfach ich, denke so, wie ich das halt nun mal so tue, und fühle, wie ich fühle. Was kann ich denn dafür? Überhaupt nichts. Ich bin einfach nur ein gewöhnlicher Mensch. Kein Wunderkind und nicht geboren, um die Welt in ein neues Zeitalter zu führen. Schön wär's. Ich gehöre zu dem Teil der Menschen, die in dieser Welt nichts zu melden haben. Was ich möchte, darf ich nicht, und was ich sollte, liegt jenseits von dem, was ich mir unter Leben vorgestellt habe. Das Leben und alles hier ist für nichts. Wir streben kein Ziel an, denn die Menschen verlieren die Übersicht über sich selbst – und so auch über das, was geschieht. Wie soll das je gut gehen? Dort, wo ich hingehe, wird es mir vielleicht besser gehen. Wenn ich alt bin, wird sich keiner mehr an mich erinnern, denn jeder wird alt, das ist gewöhnlich. Hingegen jetzt, jetzt, wo mich alle noch kennen, so kennen, wie ich bin und immer sein möchte. Was soll daran falsch sein? Mein Wille ist mein Weg. So sollte es auf jeden Fall sein. Ich schade ja niemandem damit, also darf ich es doch auch tun. Wer hindert mich schon daran?

Ehe ich mich versah, war der Nachmittag auch schon wieder vorbei. „Herrschaften, jetzt bleibt mir nur noch eins zu sagen: schönes Wochenende." *Das war Herr Ledergerbers wöchentliche Entlassung ins Wochenende. Wie es sich in der alten Schule gehört, verabschiedet man sich per Händeschütteln beim Lehrer. Langwierige Sache so was, aber anständig.* „Wiedersehen, tschüss, bis bald, wiedersehen, schönes Wochenende, tschau …" *Ich kann mir angenehmere Aufgaben vor-*

stellen, als täglich unzähligen Schülern die Hand zu reichen. Endlich waren wir an der Reihe. „Auf Wiedersehen." *Na, das klappt ja wunderbar. Mhm, er grüßt nicht zurück? Wird ihm wohl langsam lästig. Ich wandte mich vom Lehrerpult weg und lief los. Irgendetwas lies mich urplötzlich zurückschnellen. Mein Arm, das war der Grund. Ich drehte mich um. Meine Hand, er hatte meine Hand nicht losgelassen. Aber er verzog keine Miene, ich konnte aus seinem Blick nichts schließen.* „Bleib noch kurz hier."

Oje, jetzt kommt's. Er hatte mich an die Seite gezogen und ist mit den Verabschiedungen fortgefahren. Wie blöd ich mir in den Augen der anderen vorgekommen bin, brauche ich jetzt hier nicht zu erläutern. Beschämend. Auch den letzten beiden, Olivia und Sylvia, hatte er ein schönes Wochenende gewünscht.

„Wir warten draußen."

„Nein, ist schon in Ordnung, geht ruhig."

„Bist du sicher?"

Nein, aber es wird wohl ein Weilchen dauern.

„Ja, na los, haut schon ab." *Sie schlossen die Tür hinter sich, während ich mich an den Tisch neben dem Lehrerpult lehnte. Herr Ledergerber setzte sich derweilen auf seinen Stuhl. Danke für das Angebot, ich stehe lieber. Man sah es ihm an, dass es für ihn nicht leicht war, die richtigen Worte zu finden. Höchstwahrscheinlich hat er sich einiges davon zuerst zurechtlegen müssen, sonst wäre ihm wohl kaum etwas eingefallen. Sein Ausdruck, seine Mimik und die Art, wie er mit den Worten umging, bestätigte mir meine Ahnung, dass er sich damit auseinandergesetzt hatte. Auf was er sich aber nicht vorbereiten konnte, waren die Antworten, die ich ihm geben würde.*

„So, jetzt erzähl mal, was los ist."

Soll ich dir jetzt meine Leidensgeschichte auftischen, oder wie sieht's aus? „Ach, es ist alles in Ordnung."

„Das sehe ich nicht so."

Was Sie nicht sagen.

„Mir ist aufgefallen, dass du dich in letzter Zeit anders verhältst. Du hast dich ein wenig zurückgezogen."

Was? War das denn so offensichtlich? „Ich weiß auch nicht, wie ich es erklären soll. Es ist einfach alles scheiße!"

„Was ist scheiße?"

„Na, alles. Ich soll immer alles tun und alle wollen etwas von mir. Ich halte das nicht mehr aus."

„Mhm, ich verstehe." *Er hatte sein grübelndes Gesicht aufgesetzt und legte sich seine nächsten Worte zurecht.* „Ich habe so das Gefühl, das dich die Beerdigung von Jessicas Mutter mehr ins Denken gebracht hat, als du eigentlich wolltest."

Wie kommt der jetzt darauf? Aber irgendwie hat er schon recht.

„Alle haben um einen Menschen getrauert. Man hat ihr Aufmerksamkeit geschenkt."

Der Typ ist gut.

„Kann es sein, dass du dir auch Aufmerksamkeit wünschst? Dass man dich mehr schätzt, dich auch mal lobt und nicht immer nur auf dir herumhackt?"

Ich hatte meine Arme verschränkt, den Kopf schief gelegt und nickte ganz leicht.

Wieso weinen wir? Tränen, die salzig schmecken, deine Wangen röten und dein Make-up ruinieren. Ein Ventil, um die Waage der Gefühle im Gleichgewicht zu halten. Aber weinen? Wieso bestehen Tränen aus Wasser? Wasser ist unbeständig und immer in Bewegung. Es spiegelt die aufgewühlte Seele wider. So sind vielleicht auch Tränen eine Art Spiegel unserer Seele. Wir können aufgebracht sein, wenn wir uns freuen, oder wir verlieren uns in uns selbst, und da es keinen anderen Ausweg mehr gibt, um unsere Waage im Gleichgewicht zu halten, müssen wir unseren Hilfeschrei nach außen richten in der Hoffnung, dass es jemand bemerkt. Ein kleines Problem liegt nur darin, dass wir nicht wissen, ob diejenige Person ihre Waage bereits im Gleichgewicht hat. Sollte das nämlich nicht so sein, wirst du Schwierigkeiten haben, dich wieder öffnen zu können. Denn du wirst wissen, dass diese Person gegenüber nicht in der Lage sein wird, dir zu helfen.

Da ich kein Taschentuch zur Hand hatte, blieb mir keine andere Wahl, als meine Ärmel als Ersatz zu benutzen. So, sind Sie nun zufrieden? Ist es jetzt endlich offensichtlich, dass es mir nicht gut geht? Was haben Sie jetzt davon, wenn Sie nicht einmal in der Lage sind mir in einem solchen Moment ein Taschentuch anbieten zu können? Ach nein, bitte reden Sie doch weiter. Es war schön zu hören, dass mir jemand seine Aufmerksamkeit geschenkt hat, wenn auch nicht viel davon, aber immerhin.

„Ich glaube, du wünschst dir manchmal jemanden, der dich einfach nur mal in den Arm nimmt." *Ich konnte nur zaghaft nicken, weil ich mit meinen Tränen zu beschäftigt war.* Können Sie mich nicht in den Arm nehmen? *Meine Gedanken waren plötzlich ganz durcheinander.* Warum stehen Sie nicht einfach auf und umarmen mich? Habe ich vielleicht nicht deutlich genug genickt? Bitte, stehen Sie einfach auf und umarmen mich, verdammt noch mal. Bitte!!! Nur eine kleine Umarmung, das würde mir genügen. Wenn Sie es schon gesagt haben, tun Sie es doch. Ihnen ist wohl nicht klar, dass es niemanden gibt, der mich umarmen würde. Bitte? Was muss ich tun, damit Sie mich umarmen? Eine Umarmung, die mich aus diesem Loch retten könnte. Bitte, helfen Sie mir.

Aber es kam nichts. Ich blieb weiter in meinem Loch gefangen. Kein Ausweg war in Sicht. Der einzige Mensch, der von mir wusste und praktisch alle Einzelheiten meiner Gedanken kannte, war nicht in der Lage, mir zu helfen. Was habe ich hier dann noch verloren? Wenn nicht einmal er halten kann, was er von sich gibt, dann sehe ich kein Licht mehr, dass mir noch helfen könnte. Alles schwindet. Mein letzter Funken Hoffnung löst sich in Luft auf. Mein Hilfeschrei hat nichts genützt. Es war umsonst. Jetzt müssen wir ihm das nur noch auf eine einigermaßen verständliche Weise klarmachen. „Ich fühle mich ausgenutzt. Niemand hat eine Ahnung, wie es mir geht, weil niemand danach fragt. Ich möchte einfach nur noch von einer Brücke springen." *Es ist mir schwerer gefallen, das zu sagen, als gedacht. Aber endlich konnte er sich nicht mehr verstecken, er musste sagen, was ihm gerade in den Sinn kam.* „Nein, das wirst du ganz bestimmt nicht tun!" *Er suchte nach den richtigen Worten. Seine Miene hatte sich im Nu verfinstert. Nicht nur, weil ich ihm mit dieser Aussage ein wenig Angst eingejagt hatte, sondern auch, weil er wusste, dass ich es ernst meinte. Ich konnte nichts weiter tun, als an diesem Tisch angelehnt stehen zu bleiben, während er sich weitere Gedanken machte. Im Nachhinein war ich nicht gerecht zu ihm. Er konnte nichts dafür, dass es mir nun einmal so ging, wie es mir ging. Und was tue ich? Ich stelle ihn einfach vor vollendete Tatsachen. Sorry.*

„Ich will, dass du mir versprichst, dir nichts anzutun. Du hast meine Handynummer. Falls irgendetwas sein sollte, ruf an! Es kann morgens um zwei sein, ruf an! Okay?"

Ich hatte wieder nicht mehr als ein Nicken für ihn übrig, und das Gespräch war hiermit beendet. Ich weiß, Sie können nichts dafür. Ich gebe Ihnen keine Schuld. Sie haben Ihr Bestes getan. Ich hoffe, dass wir uns irgendwann einmal wiedersehen. *Die Tür fiel in die Angeln, und ich ging, ohne auf Wiedersehen zu sagen.* Passen Sie auf sich auf.

13. Kapitel

Das Feuer brennt und lodert tief in unserem Herzen. Die Sterne zeugen von der Unendlichkeit der Gezeiten und sie breiten ihr Licht über das gesamte Firmament aus und schützen die träumenden Seelen. Die Träume eines jeden Menschen sind das Tor zu unendlicher Erfüllung, unbeugsamem Mut und grenzenloser Freiheit. Wir träumen, um uns jene Wünsche zu erfüllen, die wir im wahren Leben nicht erreichen können. Es ist sehnlichstes Verlangen, das gestillt wird. Doch an jenem neuen Morgen breitet unsere Sehnsucht wieder ihre Flügel aus und lässt uns vergessen, wer wir wirklich sind. Einzig die Hoffnung ruht in uns, dass wir in der Nacht der Nächte unsere Sehnsucht stillen können, denn in dieser Nacht werden wir einschlafen, um für immer zu träumen.

Der Boden ist kalt unter den nackten Füßen, und kleine Steinchen schneiden in das noch warme Fleisch. Ein Auto fährt vorbei, aber ich kann es nicht richtig sehen. Es hat mich nicht bemerkt. Wieso bin ich hier, wenn mich trotzdem keiner haben will? Die Füße schmerzen. Das Blut rinnt langsam unter ihnen hinweg. Meine Hände? Ich habe kein Gefühl mehr. Die Tabletten fangen an, ihre Wirkung zu zeigen. Das Geländer – es sticht in den Rücken wie ein Dolch. Du versuchst zwanghaft, dich am Geländer festzuhalten. Dein Gefühl schwindet immer mehr. Es ist kalt. Kleine leise Schneeflocken fallen vom Himmel. Nur ganz kurz, dann öffnet sich die Wolkendecke, und die Sterne scheinen dir entgegen. Sie scheinen auf deinem Weg. Es gibt keinen Weg, der vor dir liegt. Alles liegt hinter dir. Du hörst das Rauschen des Flusses unter deinen Füßen. Ein Tosen, als wären es donnernde Steine, die vom Hang hinab in die Tiefe rutschen. Der eisige Wind weht dir ins Gesicht und umschleicht deinen ganzen Körper. Du siehst sie, aber du spürst es nicht, wenn deine Hände zittern. Du nimmst dein Handy aus der Tasche und lässt es beinahe fallen. Verdammt, halt doch still. Was mache ich hier eigentlich? Dir fällt es schwer, einen klaren Gedanken zu fassen. Du erinnerst dich daran, was irgendjemand vor gar nicht allzu langer Zeit zu dir gesagt hat: „Es kann morgens um 2 sein, ruf an!" Diese Worte hallen in deinem Kopf, immer und immer wieder. Du tippst den Code ein und scrollst durch deine Kontaktliste. H. *Du möchtest es tun, aber irgendetwas hindert dich daran. Was würdest du sagen? Es würde dir nichts in den Sinn kommen. Du hättest ihn vergeblich geweckt und ihm seine Träume geraubt.* Du hältst das Handy weit von dir weg. *Das Einzige, was du noch wahrnimmst, ist die Uhrzeit, bevor es dir aus den Händen gleitet und in die Tiefe stürzt: 2:01.* Passen Sie auf sich auf. *Deine Hand wird schwach, du fängst an abzurutschen. Du hättest nicht so viele Tabletten schlucken sollen. Es sollte doch gar nicht so schnell gehen. Deine Gedanken fließen ununterbrochen. Schweiß rinnt dir den Rücken hinab und gefriert. Doch du fühlst das nicht. Du fühlst nichts mehr, dein Körper ist leer. Du möchtest fühlen, du hast es so oft versucht, aber nichts konnte deine Sehnsucht stillen. Eine Sehnsucht, die mit Worten nicht zu beschreiben ist. Du willst alles auf einmal, und doch wünschst du dir, nichts besitzen zu müssen. Du möchtest alles tun, und doch möchtest du in Ruhe gelassen werden. Du möchtest einfach nur du selbst sein, aber das geht nicht, weil die anderen dich nicht lassen. Einfach nur du selbst sein. Nichts können müssen oder sollen, sondern einfach mal können dürfen. Du hast nicht viel verlangt, aber das, worum du gebeten hast, hat man dir verweigert. Mir kommt der Spruch von John Lennon in den Sinn: „Als ich fünf Jahre alt war, sagte mir meine Mutter immer, dass Glück der Schlüssel zum Leben ist. Als ich zur Schule ging, fragten sie mich, was ich werden will, wenn ich einmal groß bin. Ich schrieb ‚glücklich'. Sie sagten mir, ich hätte die Aufgabe nicht verstanden. Aber ich sagte ihnen, sie hätten das Leben nicht verstanden." Vielleicht sollten wir einfach einmal das tun, was uns glücklich macht und nicht das, was am besten ist. Vielleicht.* Das sollten die Menschen lernen. Aber ich werde es nicht sein, die es ihnen beibringt. Vielleicht werden sie aus meinen Taten lernen. Ich leide, um ihnen den Weg zu weisen. Vielleicht.

Du atmest. Deine Lungen brennen wie Feuer, wenn sie die kristallklare Luft einatmen. Du fühlst tiefer in dich hinein. Nichts ist mehr da, was dich am Leben hält. Deine Kräfte schwinden, und deine Hände rutschen langsam ab. Dein ganzer Körper entgleitet dir. Wenn es nur einen Einzigen auf dieser Welt geben würde, der meine Hilfe braucht, ich würde bleiben. *Das Licht der Sterne fängt an zu verblassen. Das Leuchten deiner Augen schwindet in die Tiefe, und Dunkelheit erfasst sie. Du fühlst es, dein Körper fühlt sich plötzlich ganz anders an. Leicht und unbeschwert. Deine Schultern sind von allen Lasten erlöst. Sanfte Flügel schmiegen sich um dein Haupt und schenken dir endlose Geborgenheit. Nichts schmerzt mehr. Ein warmes und schützendes Licht erfüllt dein Herz, und deine Gedanken finden ihre Ruhe. Die Brücke entgleitet deinen Händen. Du lässt los. Du bist frei. Deine Träume warten bereits auf dich. Sie warten, damit du für immer träumen kannst. Verabschiede dich. Verurteile oder bestrafe sie nicht, sondern schenk denen, die dich zurückgelassen haben, deinen letzten Gedanken. Ein Gedanke, der dich unsterblich machen wird. Ein Gedanke, der allen Seelen Frieden bringen könnte. Ein Gedanke, der für deine Ewigkeit geschaffen wurde ... Deine Erinnerung.*

14. Kapitel

Manchmal, nicht immer, aber manchmal kann ein Wort aus einem Traum, einer Emotion oder einem kleinen Gedanken unser Leben mehr verändern, als es uns lieb ist. Doch das erkennen wir meist erst, wenn wir uns später daran zurückerinnern.

„Nur einen, einen Einzigen!" *So kam es leise über meine Lippen, als ich meine Augen langsam öffnete und mich an den Traum erinnerte. Das Wochenende war wieder einmal um, und der Ruf der Schule heulte wieder durch meinen ach so geliebten Wecker.* Hättest du mich nicht einfach schlafen lassen können? *Es half nichts.*

Die Wunden hatten sich bereits so weit regeneriert, dass wenigstens keine Verbände mehr notwendig waren. Die Schule verging wie im Flug. Nicht nur ein einzelner Tag, nein, es war bereits schon wieder fast eine Woche um. Das dürft ihr nicht falsch verstehen, nur weil ich es jetzt nicht immer schreibe, heißt das nicht, dass ich aufgehört habe, mit meinem Messer herumzuspielen. Ein solches Verlangen kann nicht von heute auf morgen gestillt werden. Es hat nicht aufgehört. Das war wahrscheinlich auch der Grund, wieso mich Herr Ledergerber an einem weiteren Freitagnachmittag bei sich behielt. Diesmal war der Händedruck nicht ganz so schmerzhaft, weil ich bereits wusste, wie der Hase läuft. Aber wie schon gesagt: Dieser Mann ist immer wieder für Überraschungen gut. Aber auf die folgende Überraschung hätte ich weiß Gott (nichts für ungut) verzichten können.

„Wie geht's dir so?"

Ach, scheiße wie immer, aber wen kümmert's? „Gut, danke." *Das gezwungene Lachen hatte ich bereits intus.*

„Ich habe einen Vorschlag. Ich will dir ja nichts unterstellen oder so …"

Oje, was kommt denn jetzt?

„Aber ich denke, es wäre vielleicht eine gute Idee, wenn du einmal mit jemandem darüber sprichst, der sich besser damit auskennt, dem du alles anvertrauen kannst."

Wenn du jetzt das sagst, was ich denke, dass du es gleich sagen wirst, dann bin ich verloren.

„Mit einer Psychologin darüber zu sprechen, könnte dir helfen, damit umzugehen. Sie ist eine gute Freundin von mir. Sie ist immer dienstags und donnerstags in der Gegend, ich habe mit ihr gesprochen, und sie würde dich gern kennenlernen." *Er hielt inne und wartete wohl auf meine Reaktion.* Das ist sein Ernst? Ist es sein Ernst? Das war doch hoffentlich nur ein blöder Witz? Seinem Gesicht nach zu urteilen ist es kein Witz. Der will mich ernsthaft zu einer Gehirnwäsche schicken? *Ich hoffe, dass man mein Entsetzen sehen konnte. Ich war so geschockt, dass ich gerade nicht in der Lage war, irgendeine anständige Antwort über meine Lippen zu bringen.*

„Sie kommt am Dienstag mal vorbei und möchte sich mit dir unterhalten." Er schwieg einen kurzen Moment. „Wenn du willst, kann ich auch dabei sein."

Ich glaube, dass er diesen Satz einzig und allein deshalb gesagt hat, weil ihm mein nun noch verwirrteres Gesicht aufgefallen war. Was soll ich darauf antworten? Kann mir das mal jemand sagen? Der einzige Mensch, dem ich mich geöffnet habe, weist mich ab, weil er glaubt, mir nicht helfen zu können. Mir ist nicht mehr zu helfen. Hallo? Diesen Gedanken muss man sich mal vorstellen. *Ja, dieser Gedanke. Zu wissen, dass der einzige Mensch, dem man sein Vertrauen geschenkt hat, glaubt, dass dir nicht mehr zu helfen bzw. dass dir auf normalem Weg nicht mehr zu helfen ist, ist unbeschreiblich demütigend. Man will es vielleicht nicht wahrhaben, aber 14 Jahre machen aus einem Mädchen immer noch ein Kind, und das fasst manche Dinge zum Teil anders auf, als es eigentlich geplant war. Das war auch der Grund, wieso ich mich im Stich gelassen fühlte. Zu wissen, dass keiner da ist, keiner, der noch Hoffnung für dich hat. Dieses Gefühl wünsche ich nicht einmal meinem schlimmsten Freund.*

Er weiß nicht mehr, was er mit mir machen soll. Nun hat er einen Ausweg gesucht und ihn gefunden. *Ich weiß, er musste sich in diesem Moment alles andere als wohlgefühlt haben. Er musste sich eingestehen, dass er mir nicht helfen kann. Ich denke, wenn ich mich in einen Lehrer hineinversetze, dass das keine einfache Situation für ihn war. Wie all jene Dinge, denen er sich in letzter Zeit gegenüberstellen musste. Ich wüsste manchmal gern, was ihm durch den Kopf ging. Aber ich kann nicht noch mehr von ihm verlangen. Ich war nicht fair. Deshalb musste ich dieses eine Mal fair sein. Ich nickte seinem Angebot wie immer zögerlich, aber dieses Mal bestimmt zu. Ihm zuliebe.*

„Gut, dann treffen wir uns morgen nach der Schule. Ich würde sagen, wir treffen uns gleich hier im Klassenzimmer."

Ich nickte wieder und verabschiedete mich.

Was erwartete ich zu sehen, wenn diese Frau ins Zimmer kommen würde? Ich weiß es nicht mehr. Auf jeden Fall hatte ich kein gutes Gefühl, als ich mit Herrn Ledergerber so dasaß. Meine Hände waren sowieso schon schweißgebadet. Aber als es dann endlich einmal an der Tür klopfte, musste ich mich innerlich zuerst wieder fangen. Manche denken jetzt bestimmt: Ach, tu doch nicht so, die ist ja nur Psychologin. Ja, das ist auch richtig so, aber wenn du im Hinterkopf hast, dass du höchstwahrscheinlich eine längere Zeit mit dieser Person zusammen verbringen wirst und ihr unter anderem noch deine tiefsten Gefühle und Gedanken preisgeben musst bzw. solltest, denkst du ein klein wenig anders darüber. Herr L. war so nett und stellte uns vor:

„Das ist Frau Perrez."

„Hallo, Livia, freut mich sehr, dich kennenzulernen." *Ach, Sie kennen mich? Das muss ja ein interessantes Gespräch gewesen sein. Irgendetwas sagte mir, dass sie bereits mehr wusste, als mir lieb war. Ach ja, ich habe ein fantastisches Bauchgefühl.*

„Herr Ledergerber hat mir deinen Aufsatz gegeben, und ich finde ihn wirklich sehr gut geschrieben."

Wir hatten uns bereits an den Tisch gesetzt, und sie hat, wie bei solchen Leuten üblich, bereits ihren Block hervorgeholt und angefangen, Notizen zu nehmen. Mhm, der gute Herr hat vorausgedacht. Im Nachhinein ist es amüsant, welchen Weg dieser Aufsatz auf sich genommen hatte. Ich hatte den Aufsatz in einer Aufsatzprüfung bei einem anderen Lehrer geschrieben, aber dieser hatte ihn dann wohl weitergegeben – mit der glorreichen Einsicht, dass man dem einmal nachgehen sollte. Und nun? Jetzt liegt er in den Händen dieser wildfremden Frau. Ich werde das Geschriebene, obwohl dieser Aufsatz wieder den Weg zu mir zurückgefunden hat, nicht zitieren. Bei allem, was recht ist, aber auch ich möchte noch einige Geheimnisse für mich behalten. Vielleicht erzähl ich sie euch früher oder später. Wer weiß?

Der Zeitpunkt war gekommen, an dem man über den Beginn bzw. den Verlauf der Therapie reden musste. Auch einer dieser Momente, die ich lieber nicht erlebt hätte.

„Ich würde sagen, dass wir uns am Donnerstag einmal sehen. Ich bin nur am Vormittag zugegen, aber ich denke, dass du sicherlich irgendwie eventuell während einer Mathestunde vorbei kommst?"

Sie hatte sich fragend an Herrn Ledergerber gerichtet, und der hatte ihr bejahend zugenickt.

„Gut, natürlich nur, wenn du damit einverstanden bist."

Jetzt mal ehrlich: Habe ich überhaupt eine andere Wahl? Seinem und ihrem Blick nach zu urteilen wohl kaum. Und ich will ihm ja auch nicht dauernd damit auf die Nerven gehen. Eigentlich möchte ich schon, aber wie schon gesagt: Er hat es nicht verdient. „Ja, wieso nicht." Ich hoffe trotzdem, dass die Gleichgültigkeit in diesem Satz zu hören war.

„Dann wäre das geklärt und wir zwei sehen uns also Donnerstag."

Halt, einen Moment mal. Er kommt nicht mit? *Bis dahin war ich nicht davon ausgegangen, dass ich allein zu dieser Frau gehen sollte. Herr Ledergerber hat mir aber schnell klargemacht, dass es so sein würde. Es würde wohl unweigerlich zu einer eigenartigen Bindung führen, sagte er, und das würde auf die Dauer nicht gut gehen. Jetzt einmal Hand aufs Herz, meine Herrschaften. Ich sage es nicht gern, aber es muss gesagt werden: Verzeihung, aber wenn ich Ihnen mein Herz ausschütte, über Selbstmordgedanken spreche und meine Gefühle preisgebe, dann hat sich unweigerlich schon eine Beziehung aufgebaut. Möge jemand anderes glauben, was er will. Daran kann niemand was ändern. Manchmal muss man die Leute aber einfach in ihrem Glauben lassen. Ich ging allein zur Psychologin.*

15. Kapitel

In den meisten Fällen ist es Tatsache, dass die Menschen lügen. Das ist eine angeborene Maßnahme zum Eigenschutz. Aber vor allem dann, wenn jemand sagt, dass es die Wahrheit ist, musst du noch einmal nachfragen. Und wenn er immer noch felsenfest davon überzeugt ist, die Wahrheit zu sagen, kannst du davon ausgehen, dass er gelogen hat.

Es ist sehnlichstes Verlangen, das im Traum gestillt wird. Doch an jenem neuen Morgen breitet unsere Sehnsucht wieder ihre Flügel aus und lässt uns den Tag in einem Schleier von bloßen Wahrnehmungen die Zeit vergessen. Sie lässt uns vergessen, wer wir wirklich sind. Einzig die Hoffnung bleibt, dass wir in der Nacht der Nächte ... wieder träumen können.

Oh mein Gott, man versinkt ja förmlich in diesem Sessel. Ich hatte es mir im Besprechungs-Therapiezimmer – oder wie man es auch immer nennen möchte – bequem gemacht. Was bei diesen Sesseln auch gar nicht schwer war. Aber ich muss hier und jetzt wohl eher ein Geständnis ablegen als eine Geschichte zu erzählen. Ich kann mich kaum an mehr als an diese Sessel erinnern. Und das hat vielleicht einen unangebrachten, aber durchaus wahren Grund. Es ist nicht böse gemeint, aber ein Psychologe kann sein Studium noch so gut abschließen: Wenn er nicht in irgendeiner Art und Weise einmal so etwas durchgemacht hat, wird er mit noch so viel reden und noch so vielen Übungen und Gesprächen nie wissen, wie du dich gefühlt hast. Und er wird nicht in der Lage sein, dir helfen zu können.

Ich habe ihr viele Versuche gegeben, irgendwo einen Ansatz zu finden, mir helfen zu können. Doch eines Tages musste ich einsehen, dass mir ihre Hilfe nichts bringen wird. Ich weiß nicht, wie lange ich während all dieser Sitzungen dieses Bücherregal im Zimmer angestarrt hatte. Ich habe mit der Zeit immer so getan, als würde ich über die Frage nachdenken, die mir Frau Perrez gestellt hatte. In Wahrheit aber habe ich immer alle Büchertitel durchgelesen und mich bei jedem Buch gefragt, was wohl drin stehen mag – aus dem ganz einfachen Grund, weil ich nicht mehr wusste, was ich ihr auf die Fragen antworten sollte. Wie soll man einem außenstehenden Menschen die eigene Seele erklären? Wie kann man einem Menschen erklären, wer man ist? Wie kann man erklären, welch tiefen Wünsche man hat und mit welchen Augen man die Welt sieht? Gut, ich weiß es nämlich auch nicht. So musste ich mir immer Antworten überlegen, die die „Therapie" vorantreiben würden. Ein Beispiel: In einer Sitzung hat sie einige Spielfiguren auf den Tisch vor uns gestellt. Irgendwann mitten im Gespräch zeigte sie auf die Figuren mit der Bitte, ich solle für jede Beziehung, die ich zu einem Menschen habe, dem ich alles anvertrauen konnte, eine Figur auf die rechte Seite legen. Meine Augen hatten währenddessen wieder die Flucht im Bücherregal gesucht. Wir saßen lange einfach so da, weil sie wohl dachte, dass ich am Überlegen bin. Ja, das war ich auch. Ich war nämlich damit beschäftigt, mir zu überlegen, wie ich ihr jetzt beibringen soll, dass es da niemanden gibt. Herr Ledergerber kam, aufgrund seines Status als Lehrer, nicht infrage. Ich habe mich dann entschieden, ihr die Wahrheit nicht zu sagen und einfach jemanden zu nehmen, bei dem ich mir vorstellen konnte, dass das überhaupt einmal möglich sein würde. Heute bin ich überglücklich, diese Person in meinem Leben haben zu dürfen. Denn sie kann genauso wenig dafür, dass sie hier ist, wie ich. Sie ist auch die einzige Person in meinem Umfeld, die ich bedaure, weil sie all diese Dinge von mir ertragen musste. Für andere Leser mag das vielleicht nicht von Belang sein, aber ich möchte mich hier kurz entschuldigen, und ich hoffe, dass wir, wie bis dahin, noch viele tolle gemeinsame Stunden erleben werden. Wir haben so viele Höhen und Tiefen erlebt, von denen manche nur träumen können. Ich nahm also eine kleine blaue Figur, weil das ihre Lieblingsfarbe war, und legte sie rechts neben die anderen hin. Frau Perrez schaute mich an, als ich die Figur abgelegt hatte, und fragte natürlich wie erwartet, wer denn das sei.

„Meine Schwester."

Wie schon gesagt: Mit der Zeit habe ich angefangen, über Dinge zu reden, die für mich zwar keinen Sinn ergaben, ihr aber dabei geholfen hatten, eine „logische" Schlussfolgerung daraus zu ziehen. Andernfalls würde ich noch heute dort sitzen und wäre keinen Schritt weitergekommen. Es hat also nicht wirklich viel gebracht – eine Stunde weniger in der Schule. Wenigstens das. Es tut mir leid, dass die betreffenden Personen es so erfahren müssen. Aber besser spät als nie.

16. Kapitel

Irgendwann bist du an einem Punkt angelangt, an dem es dich zwar in keiner Weise reut, irgendjemandem eine Antwort zu geben, du aber froh bist, wenn es manche Leute einfach geschehen lassen. So hast du nämlich das Gefühl, dass sie dich so akzeptieren, wie du bist, und auch, wie du dich verändert hast.

Die Zeit, in der man kein Zeitgefühl besaß, verging im Nachhinein viel schneller, als ursprünglich angenommen. Ich hatte mich mittlerweile damit abgefunden, dass ich meiner Psychologin einen wöchentlichen Besuch abstattete. Zwischendurch nahm mich Herr Ledergerber, wie sonst auch immer, zur Seite und fragte mich nach meinem Wohlbefinden. Es freute mich, dass er sich wenigstens ab und zu daran erinnerte, wie ich mich zu Beginn gefühlt hatte. Ich hatte mich Nachmittage hindurch immer gefragt und war gespannt, ob er heute vielleicht wieder wissen möchte, wie es mir geht. Wenn ich heute daran zurückdenke, brauchte ich Nerven wie Drahtseile. Denn er fragte nicht immer. Dass ich ihm natürlich, wenn es denn einmal dazu gekommen war, nicht die Wahrheit gesagt hatte, ist eine Nebensache, aber er war der Einzige, der wirklich gefragt hat. Nicht nur, weil er gefragt hatte, das haben Dutzende andere auch getan, sondern auch, wie er gefragt hatte. Es war immer so eine Ernsthaftigkeit in seinem Ausdruck, die mich bis heute fasziniert. Etwas, das dir ein bestimmtes Gefühl gab. Eine innere Stimme, die dir etwas zugeflüstert hat. Durch diesen Blick hatte ich das Gefühl, dass er es wirklich ernst meinte. Dass er sich im tiefsten Innern wirklich wunderte, wie es mir ging.

Aber alles Schöne hat einmal ein Ende.

Die Zeit verflog, und irgendwann hat er aufgehört zu fragen, weil er die Hoffnung in sich trug, dass ich mich wirklich besser fühlte, dass ich fähig war, es allein zu schaffen. Eine Hoffnung, die mich früher oder später weiterbringen würde, weiter, als ich mir jemals erhofft hatte. Dazu aber später. Dass es mir bis dahin aber kaum eine Spur besser ging, konnte er nicht wissen. Denn ich habe es ihm nie gesagt.

Auf jeden Fall entstand in dieser Zeit eine Erinnerung, an die ich mich immer wieder mit einem kleinen Schmunzeln erinnern werde – und das nicht nur, weil diese Person die allererste war, die diese Zeilen jemals zu Gesicht bekommen hat, sondern weil dieser Moment in mir eine unglaubliche Faszination ausgeübt hat.

Es war ein gewöhnlicher Schultag. Wir hatten Musik, und die Stunde war bereits um. Wie schon geahnt, mussten die anderen Lehrer ja früher oder später auch davon erfahren, wenn es ihnen Herr Ledergerber nicht schon im Voraus erzählt hatte. Auf jeden Fall war ein Lehrer davon noch nicht in Kenntnis gesetzt. Unser lieber Herr Althaus. Ein so liebevoller und herzensguter Mensch, den man mit keinem Gold der Welt hätte aufwiegen können. Darum tut es mir auch im Herzen weh, dass ihm meine Wunden wohl mehr ans Herz gingen als mir selbst. Wir hatten unser Lied zu Ende gesungen, so, wie man es mit einer zu einem Viertel motivierten Klasse halt anstellt, und verabschiedeten uns. Die Musikstunde folgte immer auf den vorherigen Sportunterricht, was natürlich zur Folge hatte, dass ich dementsprechend leger gekleidet in die Stunde kam. Er hatte es nicht sofort bemerkt – was zum einen sicherlich daran gelegen hat, dass ich ihm frontal gegenübersaß. Zum anderen hat er einmal erzählt, dass er praktisch nur in verschiedenen Graustufen sehen kann. Was ich natürlich erst herausfand, nachdem ich ihm ein selbst gemaltes Bild zum Geburtstag geschenkt hatte. Peinlich, aber egal, der Wille zählt. Als ich mich zum Gehen abgewendet hatte, hatte er es dann auch bemerkt, was mich anfänglich ein wenig erschreckt hat und mich verwunderte, weil ich es bereits gewohnt war, dass alle in irgendeiner Weise davon wussten. Gespräche am Ende einer jeweiligen Lektion zu führen, daran hatte ich mich ja bereits gewöhnt. Ich blieb da und ließ die anderen gehen, um es ihm kurz zu erklären, weil er mich mit so einem mitfühlenden Blick angeschaut hatte, dass ich ihn nicht einfach so mit seinen Fragen allein dort stehen lassen konnte.

Wir waren derweil in unser kleines Gespräch vertieft, in dem mir Herr Althaus klipp und klar sagte, dass ich das doch lassen solle. „Du bist so ein liebenswürdiger, aufgestellter und offener Mensch, tu das nicht!" So in etwa hat sein lehrender Vortrag geklungen. Auf jeden Fall kam schon die nächste Klasse, um dem Unterricht von Herrn Althaus beizuwohnen. Wir haben immer noch weitergeredet, und plötzlich folgte jemand unserer Unterhaltung. Ich konnte aus dem Augenwinkel nicht erkennen, um wen es sich handelte, es musste aber eine Person aus der anderen Klasse sein, denn meine befand sich schon längst beim Matheunterricht. Deshalb hatte ich auch kein schlechtes Gewissen, länger bei Herrn Althaus zu bleiben. Herr Ledergerber war in solchen Sachen sehr nachsichtig. Glücklicherweise. Herr Althaus wiederholte den oben erwähnten Satz erneut, während ich anfing, meine Sachen zu packen. Ich drehte mich um und sah nun auch endlich, um welche Person es sich handelte, die da so in der Gegend herumstand. Eine gute alte Bekannte von mir. Johanna. Sie drehte sich auch in meine Richtung, wir standen nun praktisch Seite an Seite. Sie stand rechts von mir. Herr Althaus befand sich immer noch direkt gegenüber. Wie gesagt, ich war dabei, mich zu verabschieden, da kam es von meiner rechten Seite her wie aus der Pistole geschossen: „Womit hast du es gemacht, mit einer Rasierklinge oder mit einem Messer?"

Ich habe schon bemerkt, dass sie meinen Arm kurze Zeit begutachtet hatte. Ich weiß aber nicht, ob sie die Narben zuvor schon einmal gesehen hatte. Es spielt ja eigentlich auch keine Rolle, aber wenn es das erste Mal gewesen sein sollte, bewundere ich die Reaktion. Egal, was nun wirklich darauf zutraf, ich war in jeder erdenklichen Weise positiv überrascht. Klar, ich musste mich zuerst einmal von dieser plötzlichen Konfrontation erholen. Ich war so etwas nicht gewohnt, aber ich hatte mich schnell wieder gefasst.

„Mit einem Messer." Die Antwort war mir nicht schwergefallen, ich hatte kaum noch Probleme damit, die Wahrheit zu sagen. Und da es sowieso nicht zu übersehen war, dass ich mich nicht mit einem Knüppel oder Sonstigem verletzt hatte, spielte es nun wirklich keine Rolle mehr.

„Aha." Es war faszinierend. Sie verzog keine Miene. Ich weiß nicht, was in ihrem Kopf vorging oder ob da überhaupt was vorhanden war, aber von Irritation, Verwunderung, Mitleid oder Unverständnis war keine Spur zu sehen. Sie nahm es einfach an. Sie hat weder nachgehakt oder mir irgendetwas verboten noch hat sie mir Vorwürfe gemacht. Sie stand einfach nur da und hat es ohne Widerworte akzeptiert. Einmal in meinem Leben musste ich keine Rechenschaft ablegen oder Erklärungen machen. Ein Mensch, der – auch wenn es nur ein kleiner Moment war – akzeptiert hat, dass es nun einmal so ist. Einmal in

meinem Leben konnte ich einfach mal ich sein, ohne einen Grund dafür zu brauchen. Es einfach geschehen lassen und akzeptieren. Es war nicht wie bei den anderen, die dir für einen kurzen Moment Aufmerksamkeit geschenkt hatten und am nächsten Tag kaum mehr wussten, worum es eigentlich ging. Es war reine und vollkommene Akzeptanz und vor allem – wenn vielleicht auch schon ein wenig in Vergessenheit geraten – ein unglaubliches Geschenk.

Viele Leute glauben, dass es notwendig ist, immer gleich die Mitleidstour abzuziehen oder dir durch die Macht der Gewohnheit Fragen zu stellen. Wieso? Geht's dir nicht gut? Kann ich etwas für dich tun? Natürlich haben deine Mitmenschen das Recht, solche Dinge auch zu erfahren und zu wissen, woher diese Narben kommen – und vor allem, wenn es sie betreffen sollte, zu erfahren, dass sie daran nicht ganz unschuldig waren. Das ist aber heikler, als man denkt.

Irgendwann – auch wenn sie es schon lange wissen – fangen die Leute an, sich dennoch Fragen zu stellen. Für die meisten ist zwar ohnehin schon klar, dass diese Narben nicht irgendwie von einem Tiger aus Indien stammen, aber sie haben in ihrem tiefsten Innern immer noch Fragen. Und das Amüsante daran ist, dass ich weiß, dass die Leute Fragen haben, man mir aber nie Fragen stellt. Die Leute sind sehr zurückhaltend, was solche Sachen angeht. Ich weiß aber ehrlich nicht, woran das liegt. Ich würde ihnen schon nicht den Kopf abreißen. Vielleicht haben manche auch das Gefühl, dass es mich in irgendeiner Weise verletzen könnte, je nachdem, was sie auf dem Herzen hatten. Aber dem ist nicht so. Auch wenn die Wortwahl vielleicht manchmal ein wenig an den Nerven reizt, so ist es nicht verboten, mich zu fragen, wenn man Fragen hat. Fragen ist immer erlaubt, man darf die Antwort nur nicht scheuen, die gegeben wird. Ich habe aber auch nichts dagegen, wenn einige Fragen einfach mal keine Antwort benötigen. Für Leute, die sich das vielleicht nur schwer vorstellen können: Es ist so, als ob man über jede Einzelheit seines Privatlebens ausgefragt wird. Wer jetzt offen alle Fragen beantworten würde oder doch einige kleine Geheimnisse für sich behält, das ist nun jedem selber überlassen. Um diese riesige Abschweifung nun zu Ende zu bringen: Ich war froh, für einmal mein Privatleben ruhen zu lassen. Für einen kleinen, jedoch hell erleuchteten Augenblick meines Lebens konnte ich ich sein. Und dafür bin ich bis heute sehr dankbar.

Die Zeit war schon viel zu schnell unterwegs gewesen und ich hatte zum damaligen Zeitpunkt kaum die Möglichkeit, mir diesen Moment ins Gedächtnis zu rufen. Umso mehr bedeutet es mir, es jetzt getan zu haben.

Die halbe Lektion war bereits wieder um und ich musste mich sputen. Nicht dass Herr Ledergerber am Ende doch noch auf blöde Ideen kommt. *Ich verabschiedete mich, und ein weiterer Moment entstand, den ich heute „meine Erinnerung" nennen darf.*

17. Kapitel

Es gibt einen Moment. Er ist nicht wahnsinnig groß, aber auch nicht zu übersehen. Du befindest dich immer noch in deinem Loch, in das du gefallen bist. Ein Stück deines Weges nach oben hast du schon geschafft. Doch dann kommt dieser Moment, und du fällst tiefer, als du jemals gefallen bist. Der Moment, in dem du begreifst, dass du zu deinen Taten gezwungen wirst.

Es kam der Moment in meiner „therapeutischen Behandlung", vor dem ich mich wohl am meisten fürchtete, denn ich hatte ihn bis dahin erfolgreich verdrängen können. Ich hatte mir schon eine Weile Gedanken darüber gemacht, schlussendlich aber hat Frau Perrez das Thema angesprochen.
„Hast du dir einmal überlegt, es deinen Eltern zu sagen?"
„Ach, die verstehen das sowieso nicht."
„Sie können ja nicht verstehen, was sie nicht wissen. Vielleicht würde dann einiges geklärt werden können."

Natürlich war ich weiterhin dagegen, was meiner Ansicht nach wohl mehr als verständlich gewesen war. Wieso sollte ich mir das antun? Ich meine, geht's mir noch gut? Ich bin doch nicht lebensmüde. Das wird ein Riesen-Desaster.

Keine Ahnung, wieso es mir so schwergefallen war. Einer der wohl einzigen Fehler bzw. ein unangenehmes Problem, an das ich nicht gedacht habe, als ich mich geritzt hatte. Es den Eltern beizubringen. Wenn man keinen Draht zu den Menschen hat, mit denen man tagtäglich zusammen unter einem Dach lebt, fällt es schwer, solche Dinge ernst zu nehmen. Das wesentlich Mühsamere jedoch war, dass die Leute dann auch noch das Gefühl haben, dir helfen zu können.

Ich hatte mir noch einige Tage Zeit gelassen, bevor ich es meiner Mutter beibringen wollte. An dem besagten Tag musste ich vor lauter Schweißausbrüchen praktisch stündlich mein Shirt wechseln. Grausam. Bis jetzt ist es mir, soweit ich das beurteilen kann, nicht schlecht gelungen, Gefühle, die ich hatte, in Worte zu fassen. Hier muss ich aber leider passen.

Ich habe Tage damit verbracht herauszufinden, ob und vor allem wie ich diesen Moment auf Papier erklären könnte. Ich musste aber zu der Einsicht gelangen, dass ich nicht in der Lage bin zu schreiben, wie ich mich in diesem Moment gefühlt hatte und dass ich nicht die richtigen Worte finden würde, damit ihr es einigermaßen in derselben Art und Weise erleben könnt wie ich. Ich spüre es sogar jetzt schon, während ich diese Worte abtippe. Es ist so schmerzhaft. So, als würde dich etwas von innen heraus erdrücken. Ich weiß nicht, ob man sich so ein Gefühl überhaupt vorstellen kann, wenn man es nicht selbst erlebt hat. Stell dir vor, deine Eltern sind die schlimmsten Rassisten, die es auf der Welt gibt. Nun kommst du nach Hause und musst ihnen beibringen, dass du ein Kind von deinem afrikanischen Freund erwartest. Oder wenn du deiner Mutter erklären musst, dass dein Herz für das gleiche Geschlecht schlägt. Die Tatsache, dass sie natürlich unumstritten gegen Homosexualität ist, ist dir natürlich bekannt. So, wenn jetzt irgendeiner sich ein Bild von diesen Gefühlen machen konnte, weiß er, wie unerträglich sie sind. Dass mein zerschmetterndes Gefühl in diesem Moment, als ich es meiner Mutter sagen musste, unerträglich viele Male größer war als das, welches ich euch jetzt versucht habe zu erklären, ist unangenehme Tatsache. Das ist auch der Grund, wieso ich diesen Moment bzw. dieses Gespräch einfach bis zu einem gewissen Punkt vorspulen werde. Es ist zu unerträglich, als dass ich noch einmal Lust hätte, das durchgehen zu müssen. Gut, wenn wir das jetzt geklärt hätten, kann ich ja weitermachen.

Auf alle Fälle war die Reaktion nicht so schlimm wie erwartet. Da hatte ich mich aber zu früh gefreut. Wahrscheinlich hatte der Schock nicht so lange angehalten wie gewöhnlich, oder andersrum: erst gerade begonnen. Ich saß immer noch mit meinem Gefühl auf dem Bürostuhl fest und erholte mich bereits von meinem nun nicht mehr so geheimnisreichen Leben. Nun war praktisch das tiefste Geheimnis, das ich besaß, nicht mehr vorhanden. Da hat das begonnen, wovor ich mich im Nachhinein wohl am meisten gefürchtet hatte. Die Fragerei. Wieso, weshalb, warum? Aber ich habe es kommen sehen, deshalb musste ich wohl oder übel da durch. Dass ich aufgrund der damaligen Verstörtheit meiner Mutter nicht die ganze Schuldzuweisung ausgesprochen hatte, die mir auf dem Herzen lag, war natürlich eine reine Vorkehrungsmaßnahme. Ich meine, das liegt in der Natur des Menschen, dass er einen Teil der

Wahrheit für sich behält. Wer sagt schon jedem offen ins Gesicht, was er wirklich von ihm hält? Wenn wir ehrlich sind, keine Handvoll. Insofern war meine Entscheidung wohl gerechtfertigt, ich hatte ja noch ein Weilchen meines Lebens vor mir, das ich mit diesen Menschen verbringen würde. Natürlich hat sich dann das eine oder andere aufgeklärt, als ich von der Psychologin erzählt hatte, mein Vater aus der Haut gefahren war, weil er behauptete, dass es ihre Pflicht wäre, den Eltern Bescheid zu sagen – und meine Mutter daraufhin einen Termin bei ihr vereinbarte. Was nicht der Einzige bleiben sollte. Ob das aber schlussendlich was gebracht hat, weiß ich nicht. Will ich, so glaube ich jedenfalls, auch gar nicht wissen.

Es braucht große Überwindung, schreiben zu können oder überhaupt schon nur zu denken, dass man damals außer der biologischen Verwandtschaft keine Beziehung zu den Eltern hat. Frag mich einer, wieso das so ist – ich weiß es nicht. Gefühle und Zuneigung gestalten sich auf ganz eigene Art und Weise, dagegen kann man nichts machen. Das Einzige, was ich heute weiß und damals auch schon wusste: Es war Tatsache.

18. Kapitel

Manche mögen wohl glauben, dass sich das Loch irgendwann schließt, dass die Gefühle, die Gedanken sich in irgendeiner Weise in Luft auflösen. Dass man zum alltäglichen Leben zurückkehren kann und einfach da weitermacht, wo man aufgehört hat, als wäre nie etwas gewesen. Dem ist aber nicht so. Das Gefühl, hier nicht hinzugehören, bleibt – und zwar für eine sehr lange Zeit.

Es ist wieder einige Zeit vergangen. Wie viel, kann ich nicht sagen. Ich weiß nur, dass ich mich an nichts erinnern kann, was hier von größerer Wichtigkeit wäre. Da gibt es nur eines zu sagen: Es ist immer noch da. Das Gefühl hat mich nie in Ruhe gelassen. Einfach weg von hier. Weit, weit weg! Seht sie euch an. Sie tun, was sie immer getan haben. Sprechen, wie sie immer gesprochen haben. Leben, wie sie immer gelebt haben. Als hätten meine Probleme gar nicht existiert. Als würden sie jetzt gar nicht existieren. Haben die alle das Gefühl, dass so etwas schnell vorbeigeht, und dann ist es vergeben und vergessen? Was seid ihr denn für Menschen?

Ich war wieder tiefer gesunken. Das Schwarze um mich herum hatte immer mehr Besitz von mir ergriffen. Die Erdrückung wurde immer größer. Da nun aber alle, die es betraf, wussten, was ich getan hatte, konnte ich es nicht mehr tun. Das wäre zu offensichtlich gewesen, und sowieso wurde ich praktisch jede freie Minute kontrolliert. Jeder noch so kleine Kratzer, den ich mir beim Spielen mit der Katze oder an einer scharfen Kante zugezogen hatte, wurde peinlichst genau hinterfragt.

„Für einen Kratzer von einer Katze ist das aber eine sehr genaue und gerade Wunde!"

Eh, hallo, geht's noch? Dass man sich überhaupt so etwas erlauben darf. *Man hätte es auch einfach auf sich beruhen lassen können. Ich meine, dass ich mir von heute auf morgen aus ganz heiterem Himmel keinen Schnitt mehr zugefügt hätte, ist vollkommen danebengegriffen und auch völliger Unsinn. Das würde genau das Gegenteilige bewirken.*

Was in gewisser Hinsicht auch geschehen war. Aufgrund dessen, dass sie davon wussten – meine Eltern und so –, konnte ich mein Ventil, das ich vor Kurzem noch nutzen konnte, nicht mehr gebrauchen. Die Wunden waren schon so gut verheilt und zugewachsen, jede weitere wäre nur aufgefallen. Und das Donnerwetter, das darauf folgen würde, wollte ich mir beim besten Willen ersparen. Also hat man den Kratzer von der Katze am Bein oder die Schürfwunde vom Klettern halt ein wenig modifiziert. Da man aber nicht jeden zweiten Tag mit einer solchen Wunde auftauchen konnte, hat sich die Wut wieder in mir gesammelt. Klar haben die einen oder anderen davon Wind bekommen, aber das sollen sie ruhig. Dann sehen sie nämlich, dass man das nicht einfach so ausschalten kann. Jeder wünscht sich doch nur Glück und Frieden. Das, war mein Friede, und er wurde mir genommen. Das Einzige, was dir wirklich eine Erleichterung verschaffen konnte, wurde dir verboten. Versuch zuerst einmal, mit solch einem Gefühl klarzukommen. Denn es geht immer so weiter. Du findest keinen anderen Weg. Du weißt nicht mehr, wie du das, was dir so viel Wohltun und Frieden gebracht hatte, wieder zurückerhalten kannst. Dein einziger Ausweg wurde dir genommen. Der einzige Weg, der dich noch eine Weile auf der Erde gehalten hätte, wurde zugeschüttet. Was tust du, wenn dir kein Weg mehr bleibt? Wo willst du hin, wenn es keinen Weg mehr gibt, der dich führen könnte? Alle anderen Wege sind nicht für dich bestimmt, denn jeder Mensch hat nur einen einzigen davon. Du stehst also vor dem Scherbenhaufen, der auf deinem Weg liegt, und fragst dich, wohin du jetzt überhaupt noch gehen könntest. Umkehren kannst du nicht, denn Zeitmaschinen für die Vergangenheit wurden noch nicht erfunden. Vor dir wurde eine gewaltige Mauer errichtet, die du nicht überqueren kannst. Das Einzige, was dir in diesem Augenblick noch bleibt, ist der Ort, an dem du dich in diesem Moment befindest. Du bist dort gefangen. Dein Ausweg wurde in Stücke gerissen. Alle anderen ziehen auf ihrem Weg weiter und du bleibst zurück, weil dir dein Weg genommen wurde.

Du hast versucht, einen anderen Ausweg zu finden. Es war nicht leicht, denn es musste etwas sein, das keine Spuren hinterlassen würde. Etwas, das dir endlich deinen Frieden zurückgeben könnte. Ein Weg, den jeder Mensch kennt und auf welchem du gehen kannst, so weit du willst. Ein Weg, der nicht nur dir gehört, weil ihn eines Tages alle Menschen gehen werden. Das macht dir aber nichts aus, denn du wirst ihn früher in Angriff nehmen als andere, und das heißt: Du hast mehr Zeit für dich. Die ganze Ewigkeit, wenn du so willst. Eine Zeit, die nur dir und deinem Frieden gehört.

Mit der Zeit ist der Kontrollwahn in eine regelrechte Kommandozentrale übergegangen. Meine Mum hat mich kurz nach meiner Offenbarung gezwungen, eine spezielle Salbe für Narbenheilung zu benutzen. Aber als wäre das noch nicht genug, schleppte sie mich zu einem Spezialisten nach Murten, um meine Narben dort behandeln zu lassen. Ich konnte mich schlecht dagegen wehren, ich hatte ja auch sonst nichts zu melden. Also unterzog ich mich praktisch jede Woche dieser Tortur. Es war eigentlich nicht sehr schlimm. Wenn man Dinge wie ich gewohnt war, kam es auf 28 Spritzen pro Behandlung mehr oder weniger auch nicht mehr an. Eine eigenartige weiße Substanz, die er mir in das Narbengewebe spritzte. Es bewirkte, dass sich die Narben nicht so ausprägten, wie sie es ohne Behandlung getan hätten. Mein Arm war danach immer von oben bis unten mit weißen Bandagen bedeckt. Hat also schmerzhafter ausgesehen, als es in Wirklichkeit war, körperlich gesehen. Die Gespräche mit dem Arzt waren, wie solche Gespräche halt so sind. Dass mein Arzt ein alter Bekannter von Herrn Ledergerber war, war eine amüsante Nebenerkenntnis, die ich gewonnen hatte. Auf jeden Fall hat sich die Behandlung hingezogen. Die Narben auf der Haut verheilten schnell, und dass ich die in meinem Nachttisch verstaute Salbe nie benutzt habe, war glücklicherweise niemandem aufgefallen. „Benutzt du die Salbe, die ich dir gegeben habe?"

„Ja doch."

Die Narben auf der Haut mögen gut verheilt sein, doch was geschieht, wenn niemand in der Lage ist, die Narben deiner Seele zu heilen? Du hast versucht, dein Innerstes preiszugeben. Die Narben wurden sichtbar. Doch alle haben nur die Wunden auf deiner Haut gesehen. Wer sah wirklich, dass da noch etwas anderes war? Die Narben sind verheilt, und gleichzeitig soll meine blutende Seele geheilt worden sein? Viele beurteilen Schmerz und Leid einzig und allein danach, was sie selbst zu Gesicht bekommen. Sind die Wunden verheilt und bleiben nur noch die Narben zurück, so ist auch alles Leiden beendet? Nein, nach dem körperlichen Schmerz hat das Leiden erst richtig angefangen.

19. Kapitel

Körperlicher Schmerz ist grausam, aber seelischer Schmerz ist unerträglich. In der physischen Vorsorge sind die Menschen weitaus fortgeschrittener, aber keiner kennt wirklich die richtigen Mittel, um das Leiden im Innern lindern zu können. Und wenn man nicht aufpasst, kann das Zerbrechen der Seele tödlich enden.

Es hat alles nichts gebracht. Alle leben und weilen auf ihren Wegen, als wäre nie etwas gewesen. Die Narben sind fast alle vollständig verheilt, aber mein Herz brennt weiterhin wie das Feuer der Hölle. Muss ich jetzt doch wirklich zum letzten Mittel greifen, das mir noch bleibt? Hätte ich es schaffen können? Keiner glaubt an mich. Keiner denkt überhaupt noch daran. An was überhaupt? Seht ihr. So schnell kann es gehen, und man wird vergessen. Auch was du getan hast, wird verdrängt, damit man sich nicht mehr daran erinnert. Die, die daran erinnert werden, versuchen mit allen Mitteln, die Wunden verschwinden zu lassen, und das nur, damit sie nicht mehr leiden oder sich schämen müssen für das, was du bist oder getan hast. Und dann sind alle Wunden verschwunden. Was dann? Narben bleiben. Erinnerungen. Erinnerungen an eine längst vergessene Zeit? Denkt ihr! Doch meine Erinnerung hält an. Sie ist immer noch da. Sie klammert sich in meinen Gedanken fest. Die Erinnerung wird zu meinen Gedanken. Keiner hilft mir, nicht mehr. Alle denken, es geht mir wieder gut. Oder haben sie gedacht, dass es mir schon immer gut ging? Was hat sie in diesem Glauben gelassen? Mir ging und geht es nicht gut. Wieso wenden sich alle davon ab? Wieso wenden sich alle von mir ab? Mein Leiden ist immer noch da. Wieso sieht das keiner?

Ja, mein Leiden hatte sich nicht einfach in Luft aufgelöst. Im Gegenteil. Die Wunden, die mir einst Trost und Kummer nahmen, waren beinahe verschwunden. Ich hatte nichts mehr. Nichts, das mir wieder das Gefühl zurückgeben konnte, wichtig zu sein, gebraucht zu werden. Die

Leute um mich herum hatten vergessen, was geschehen war. Vielleicht aber haben sie es auch nur verdrängt? Das Leben ging weiter wie zuvor, was manche wohl als einen kleinen Ausrutscher bezeichnen würden. Viele glaubten, alles würde gleich bleiben. Aber nichts war mehr gleich. Nie mehr würde alles gleich sein. Keiner hatte gesehen, dass der Schmerz immer noch da war. Es war so unerträglich. Es hat mich von innen heraus zerfressen, jeden Tag ein weiteres kleines Stück Fleisch aus mir herausgerissen. Doch was kannst du tun? Du hast schon einmal geredet. Es war alles gesagt, was gesagt werden musste. Du konntest dich schlecht ein zweites Mal wiederholen. Man hätte dich womöglich in eine Klinik gesteckt oder Schlimmeres. Das Einzige, was mir übrig blieb war, es für mich zu behalten. Keine leichte Aufgabe, aber ich hatte keine andere Wahl.

Würde überhaupt jemand mitkriegen, dass ich weg bin? Sie kommen ja jetzt auch gut ohne mich zurecht. Wieso bin ich überhaupt noch hier? Wenn mich ja doch niemand braucht. Keiner ist da, dessen Leben sich durch meinen Tod ändern würde. Sie würden sich an mich erinnern, und eines Tages werden sie mich vergessen. Wieso kann dieser Tag nicht heute sein? Wenn ich ja doch vergessen werde, spielt es ja keine Rolle. Ich möchte so gern an einen anderen Ort. An einen Ort, wo ich meinen Frieden finden kann. Alle sprechen davon, dass deine Seele nach dem Tod in ein Paradies wandert. Wieso muss ich zuerst diese ganze Hölle durchleben? Ich könnte mein Paradies ja jetzt schon besuchen. Unser Leben endet sowieso irgendwann, und ich weiß auch ehrlich nicht, wieso manche Menschen so daran festhalten. Wir vernichten uns gegenseitig. Es gibt Kriege, unnötige Kriege, die keinen Sinn ergeben und trotzdem unzählige Menschenleben fordern. Den Platz, den man zur Verfügung gestellt bekam, tritt man mit Füßen. Man wird geboren, um zu arbeiten. In diesem einen Wort steckt die ganze Kernaussage des Lebens. Arbeit. Heute erhältst du nichts mehr umsonst. Alle eifern nach Macht oder Geld, und die, die es nicht tun, werden von denen ausgenutzt, die wahrlich nur Profit im Blick haben. Hart arbeiten, um in einer solchen Welt leben zu müssen? Nein, tut mir leid, aber so verrückt kann doch kein Mensch sein. Was habe ich davon? Überhaupt nichts. Wenn ich tot bin, werde ich sowieso alles vergessen.

Da war er, dieser Gedanke. Wenn ich tot bin, werde ich alles vergessen. Kein Leid wäre mehr zu spüren. Der ganze Schmerz wäre einfach verschwunden. Deine Sorgen und all deine Probleme würden sich in Luft auflösen. Die Last deines Herzens würde, leicht wie eine Feder, einfach davonschweben. Keine Schwierigkeiten mehr. Alles, wirklich alles würde verschwinden. Todesgedanken, die zu deiner Rettung werden. Ein Gedanke, der nie wirklich weg war. Er schlummerte die ganze Zeit tief in dir, und du hast niemandem davon erzählt. Sie würden es nicht merken, weil sie keinen Verdacht schöpfen. Du könntest einfach verschwinden, ohne jemandem Rechenschaft ablegen zu müssen. Einfach gehen und frei sein. Nie mehr zurück müssen und einfach frei sein. Keine Qualen mehr durchleben. Jeder erdenkliche Schmerz würde aufhören, für immer. Für immer Frieden haben, ein traumhafter Gedanke.

Wenn mich die Welt doch nur brauchen würde. Wenn ich nur wüsste, dass ich gebraucht werde, um meinetwillen. Ich würde bleiben. Doch es braucht mich niemand, die kommen alle ohne mich zurecht. Eine Welt ohne mich würde sich immer noch in derselben Art und Weise weiterdrehen. Es würde nichts ändern. Nicht einmal mein Tod würde etwas ändern können an dieser Welt. Ich werde zu Staub zerfallen, und meine Seele, meine Seele wird endlich ihren Frieden finden können. Es müsste nur einen geben, der sagt: „Ich brauche dich!" Nur einen Einzigen, der mich braucht, ich würde bleiben. Ich würde die Mühe auf mich nehmen und bleiben, weil es jemanden gibt, der mich braucht. Es müsste nur einer sein. Ein Einziger!

Diese Gedanken waren alle schon zu ihrer Reife gelangt. Ich hatte der Welt noch ein bisschen Zeit gegeben, um mir vielleicht jemanden zu schicken, der mich brauchen würde. Aber es kam niemand. Niemand brauchte mich, und so hatte ich langsam begonnen, mit meinem Leben abzuschließen. Nur einer hätte kommen müssen. Keiner ist gekommen. Also habe ich mich dafür entschieden, mich zu verabschieden. Ohnehin brachte ich es nicht übers Herz zu gehen, ohne alle noch einmal gesehen zu haben.

In der Schule werde ich alle noch einmal sehen können. Ich werde mich verabschieden, ohne dass sie überhaupt etwas davon mitkriegen werden. Ich werde gehen und sie zurücklassen, ohne ein Wort zu sagen. Einfach gehen und nie wiederkommen.

Es war Freitagnacht.

20. Kapitel

Wandel ist überall. Er steckt in allem, und alles verändert sich in irgendeiner Weise. Aus einer Knospe entsteht eine Blüte, aus jung wird alt, aus dumm wird vielleicht sogar einmal klug. Und eines Tages, ganz unbestimmt und zögerlich, wird ein großer Wandel entstehen. Es geschieht, und keiner kann daran etwas ändern. Und das ist es, was diesen Wandel ausmachen wird. Er kann nie wieder geändert werden.

„Hey, du Schlafmütze steh auf, sonst kommst du noch zu spät. Dein Vater fährt in zehn Minuten los."

Ein Weckruf, auf den man hätte verzichten können, aber wenn man mit seinem Vater zur Arbeit gehen wollte, musste man, für meine damaligen Verhältnisse, früh aus den Federn. „Ach komm schon, es ist Samstagmorgen, zehn Minuten reichen ja völlig."

„Ja, mag sein, aber Aline wartet auch schon unten."

„Was?" *Also, ich habe meine Kleidung selten so schnell angezogen. Dass meine allerbeste Freundin unten in der Küche auf mich wartete, hatte natürlich einen wesentlichen Teil dazu beigetragen. Man kann's irgendwie nicht Freundschaft nennen. Sie gehört ja praktisch zur Familie. Das hat schon einen höheren Stellenwert als „nur" Freundschaft. Ich kannte sie schon mein halbes Leben lang.*

Mhm, ein Mensch, den ich ganz besonders vermissen werde. Aber ich habe ja heute noch einmal die Gelegenheit, ein bisschen Zeit mit ihr zu verbringen. *In der Schule waren wir in getrennten Klassen unterteilt. Wir haben uns also nicht so oft zu Gesicht bekommen.*

Es ging ganz fix, und ich war startklar. Aline und ich schlenderten, obwohl Papi und Yannik bereits eingestiegen waren, gemütlich zum Auto. Yannik ist auch ein Freund von mir, den ich kenne, seit ich überhaupt denken kann. Hilft dir immer, wenn du Hilfe brauchst. Ein lieber Kerl.

Vielleicht sollte ich als Allererstes einmal erklären, wo es denn überhaupt hinging. Mein Vater war zwar Bauer, arbeitete aber nebenbei noch in einer Tierkadaverstelle. Das mag für manche Leute jetzt ekelhaft und grausam klingen – war es in gewisser Weise auch. Aber das ist etwas von diesen Dingen, die man einfach mal gesehen haben muss. Die Zeit ging auch relativ schnell vorbei, und bald mussten wir uns schon wieder auf den Heimweg machen. Zeit, das war es. Ich war so beschäftigt, dass ich mich für einen Moment vergessen konnte. Ein Moment, an dem ich einfach an nichts gedacht habe. Ich war da und verbrachte Zeit. Es war ganz gewöhnliches Zeitverbringen. Keine Gedanken durchströmten meinen Kopf. Keine Trauer, kein Schmerz. Es war ein gewöhnlicher Samstagmorgen. Ein schöner Moment. Der aber auch seine Schattenseiten zeigen würde, wenn wir wieder zu Hause wären. Alles würde wieder von vorn beginnen. Der reißende Fluss in deinem Herzen würde wieder gewaltsam zu fließen beginnen. Du würdest schwanken und mit leidendem Blick wieder erkennen, was zu deiner Bestimmung geworden war. Dein Ende.

Doch an diesem Tag fuhren wir nicht direkt nach Hause. Wir hielten an. Auf halbem Weg hatte mein Vater an einer etwas verwahrlosten Behausung eingelenkt. Er musste noch etwas erledigen.

„Was tun wir hier?"

„Ich muss noch eine Kuh bezahlen."

Das war auch schon die ganze Hexerei. Aline und ich saßen auf dem Rücksitz und tratschten über irgendwas, keine Ahnung mehr, was es war. Nach einiger Zeit kam mein Vater zurück, und ich erschrak regelrecht, als er die Autotür aufriss. „Kommt mal mit."

„Wieso denn? Es ist gerade so gemütlich."

„Los, kommt jetzt, der Herr möchte euch etwas zeigen."

Mit „Herr" hat er den Typen gemeint, dem er die Kuh noch bezahlen musste. Nach kurzem Zögern stiegen wir dann auch aus und gingen zum Stall. Von Weitem konnte ich die beiden diskutieren hören. Es handelte sich scheinbar um Esel oder Sonstiges, die er wohl frisch errungen hatte. Toll, was soll ich denn mit ein paar Eseln? Ich habe Hunger, ich will nach Hause. *Widerwillig betrat ich den Stall, wozu ich auch allen Grund hatte. Es roch grausam, und man konnte kaum die Hand vor Augen sehen, so dunkel war es. Da die Esel aber alle im vorderen Teil des Stalles angebunden waren, konnte man sie aufgrund des Lichtes gut erkennen. Wir standen also alle in Reih und*

Glied, betrachteten die Esel und bekamen zu hören, wo er sie herhatte, wie und warum überhaupt. Dinge, die mich nicht wahnsinnig beeindruckten, was zu meinem desinteressierten Gesichtsausdruck geführt hatte. Das ging eine ganze Weile so weiter, und ich musste mich bemühen, nicht plötzlich laut zu gähnen. Aline warf mir auch einige seltsame Blicke zu. Nicht nur, weil uns die Herkunft dieser Tiere eigentlich egal war, sondern auch, weil wir beide gesehen haben, wie unrechtmäßig sie gehalten wurden. Aber das konnten wir ja nicht einfach in die Weltgeschichte hinausposaunen. Auf jeden Fall hatte dieser Herr irgendwann seine Rede beendet. Wir machten uns auf, um den Stall zu verlassen, was uns wohl allen sehr recht war. Plötzlich kniff mich etwas in den Rücken. Eine Stechmücke hatte mich wohl erwischt. Ich habe mir einen Schlag auf den Rücken versetzt, um das Vieh loszuwerden. Da alle schon wieder draußen waren, musste ich mich beeilen. Doch dann stach es mich erneut. Ein leichtes Zwicken in der Schulter. Es hat mir dann auch gereicht, und ich drehte mich voller Wut um, um zu sehen, welches blöde fliegende Insekt mich andauernd gezwickt hatte. Und da sah ich ihn!

Ich konnte nur schemenhaft erkennen, dass sich in der Dunkelheit etwas bewegt hatte. Ich musste mich zuerst wieder an die Dunkelheit gewöhnen. Dort, dort ganz hinten im Stall bewegt sich doch irgendwas. Ich konnte nicht erkennen, was es war, also ging ich langsam darauf zu. Ohne dass ich es bemerkt hatte, hat das Stechen auf meinem Rücken aufgehört. Ich musste noch einige Schritte gehen, um zu sehen, was da meine Aufmerksamkeit auf sich gezogen hatte. Doch dann blieb ich stehen. Ich sah es. Ein Fohlen. Ein einsames kleines Fohlen, das ganz allein dort in einer Ecke kauerte. Wieso kann ich nicht weitergehen? Was ist hier los? Ich versuchte mich darauf zuzubewegen. Es ging nicht. Ich blieb einfach wie angewurzelt stehen. Irgendetwas hielt mich zurück. Ich stand also da, ganz reglos, und dachte an nichts. Meine Gedanken waren wie vom Erdboden verschluckt. Ein matter Sonnenstrahl schien durch eine kleine Holzspalte und hüllte den Raum für kurze Zeit in ein sanftes Licht. Doch diese Zeit, dieser einzige Augenblick hatte gereicht. Das Fohlen hob den Kopf. Ich konnte mich nicht bewegen. Es drehte seinen kleinen zierlichen Schädel in meine Richtung. Ein Moment, ein einziger Augenblick. Unsere Blicke trafen sich. Das Licht war heller ge-

worden und hüllte den Raum in einen Schein, als würden wir uns in einer anderen Atmosphäre befinden. Ein Blick, ein einziger Augenblick, und alles wurde klar. Augen, rein wie Wasser und ein Ausdruck so flehend wie das Heulen eines Wolfes drangen tief in meine Seele ein. Sie erreichten den tiefsten Grund in meinem Innern. Augen, die das Geheimnis entdeckt hatten. Augen, die die letzte kleine Hoffnung in meinem Herzen zum Vorschein brachten. Die letzte Hoffnung, die schon längst begraben schien.

Nur einer! Ein Einziger, der mich braucht, ich würde bleiben. Eine Hoffnung, die ihre Flügel aufspannte, ein winziger Funke, der mein Herz wieder brennen ließ.

Es war nicht zu hören, und ich konnte es auch nicht sehen. Einzig in meinem Herzen konnte ich die verzweifelte und doch Hoffnung tragende Seele dieses kleinen Geschöpfes spüren. Ein Gedanke, ein Gefühl entwich aus seiner Seele. In seinen Augen, ganz unscheinbar, wie sie waren, war ein kleiner Funke zu sehen. Ein Funke voller Flehen und Sehnsucht. Der Funke meines Herzens. Der Funke, der mein Leben verändern sollte. Ein Gedanke, ein Gefühl entwich aus seiner Seele, aus seinem tiefsten Innern: Ich brauche dich!

Ein Gedanke.

Es war nur ein Augenblick gewesen, doch ich durchlebte für einen kurzen Moment die Ewigkeit. Ein Augenblick, der mir mein Leben zurückgeschenkt hatte. Es gab jemanden, jemand, der mich gebraucht hat. Ich wusste bis dahin nicht, dass dieser jemand ein Tier sein würde. Ein kleines Geschöpf, von der Welt vergessen, hat mir mein Herz zurückgeschenkt. Ein Funke entflammt durch Augen so dunkel wie die tiefschwarze Nacht. Augen, die deine Seele widergespiegelt haben. Und da hast du es verstanden. Es gab jemanden. Ein ganz unscheinbares Wesen, von der Welt vergessen, das dich brauchen wird. Ein Wesen, das ohne dich nicht überleben würde. Ein Wesen, das dich auserwählt hat, um es in die Welt zurückzuführen, in der es vergessen wurde.

Du wurdest vergessen. Du brauchst mich, und ich werde mich um dich kümmern.

Ich wusste nicht, dass ich auch vergessen wurde. Ich wusste nicht, dass ich ihn mehr brauchen würde als er mich. Ich wusste nicht, dass er gekommen war, um sich um mich zu kümmern.

Heute weiß ich, dass ich genau wie er auch vergessen wurde. Nun weiß ich, dass ich ihn mehr gebraucht habe als er mich. Ich muss einsehen, dass er sich um mich gekümmert hat. Was ich aber heute klarer vor meinen Augen sehe als alles andere: Ich weiß, dass ich ihm mein Leben zu verdanken habe.

Ein Wesen, so unscheinbar. Von der Welt vergessen. Und nun wiedergefunden.

21. Kapitel

Die Steine zerfallen. Die Mauer beginnt ihr Fundament zu verlieren. Ganz langsam. Ein kleiner Gedanke leuchtet dir von der anderen Seite entgegen. Du kannst es noch nicht sehen, aber du weißt, dass er da ist. Und du würdest alles tun, um diesem einen Gedanken näherzukommen.

Der Augenblick verflog, wie er gekommen war – ganz plötzlich. Das Einzige, was ich wusste, war, dass mich dieses kleine Fohlen brauchen würde. Erst allmählich habe ich wahrgenommen, in welchem Zustand es sich in Wahrheit befand. Sein Fell war ganz verfilzt und dreckig. Seine Hufe sahen aus wie Schuhsohlen, ganz flach und spröde. Dementsprechend war seine Beinstellung katastrophal, es konnte kaum noch richtig gehen. Was wohl auch daran lag, dass es an einem Strick angebunden war und sich gar nicht bewegen konnte. Bei diesem Anblick kamen mir die Tränen und ich musste mich schnell wieder beruhigen, als die anderen in den Stall zurückkamen, um zu sehen, wo ich bleibe. Das Einzige, was ich in diesem Moment wusste, war, dass dieses Pferd meine Hilfe gebraucht hatte und ich nicht einfach so weggehen konnte.

„Hey, was brauchst du denn so lange?"

„Papi, schau mal." *Und schon hatte ich ihn zu dem kleinen beigen Fohlen gezerrt. All meiner Verwunderung zum Trotz hat er es sich sogar angesehen.*

„Schau mal, der kann doch nicht einfach so hier bleiben." *Und ganz dezent habe ich ihm die Verwahrlosung, die das Tier erleben musste, geschildert. Glücklicherweise stieß der andere Herr erst später zu uns. Als dieser sah, dass wir uns für dieses Fohlen interessierten, hat er gleich begonnen, Fakten auf den Tisch zu legen.* „Ach, dieses Vieh ist doch nichts wert. Hat seine Mutter verloren, das dumme Tier hat sich einfach überfahren lassen. Der geht in drei Tagen zum Schlachter. Kannst ihn haben, wenn du willst."

Etwas, dass ich mir nicht zweimal sagen lies. Mein Vater hat sich noch ein wenig mit ihm unterhalten, und Aline und ich hatten uns der-

weilen mit dem Fohlen beschäftigt. Bis zu diesem Moment, als mein Vater uns zum Gehen aufforderte.

„Aber wir können ihn doch nicht einfach so hier lassen!"
Widerreden waren zwecklos. Ich wollte nicht gehen, ich hatte aber keine andere Wahl. Tränen konnte ich beim besten Willen nicht verkneifen. Dem einzigen Lebewesen, das mich um Hilfe gebeten hatte, konnte ich nicht helfen. An der Tür drehte ich mich noch einmal zu ihm um, und ein kleiner Gedanke entwich aus seiner verschüchterten Seele: Ich brauche dich.

„Ich würde mich gut um ihn kümmern. Bitte, er braucht mich." *Ich hatte nicht lockergelassen. Rund um die Uhr lag ich meinem Vater und meiner Mutter mit diesem Fohlen in den Ohren. Ich konnte nicht einfach so aufgeben. Es gab jemanden, der meine Hilfe brauchte, und das würde ich nicht einfach so stehen lassen. Der einzige Weg, den ich auf dieser Welt noch gesehen hatte, war er. Ich musste daran festhalten, andernfalls, ja, was andernfalls? Nein, ich hatte keine Wahl.*

Das Jammern und Flehen zog sich hin. Ich gab nicht auf und scheute mich nicht, meine Verbundenheit zu diesem Tier zum Ausdruck zu bringen. Heute glaube ich, dass das wohl der ausschlaggebende Punkt war, dass mich mein Vater nach drei Tagen erbittertem Flehen auf die hintere Weide schickte, als ich von der Schule nach Hause kam.

Mein Flehen war nicht umsonst gewesen. Ein kleines Geschöpf, fast verschlungen von dem hohen Gras um es herum, blickte in meine Richtung, als ich ihn im hinteren Teil des Feldes entdeckt hatte. Nur ein kurzer Augenblick, dann senkte es seinen Kopf und fing an zu grasen. Einen Moment lang hatte ich alles vergessen. Alles, was mich vor einigen Tagen noch beschäftigt hatte, war für kurze Zeit wie vom Winde verweht.

Du bist da? Ich kann es gar nicht glauben. Keine Sorge, ich werde mich gut um dich kümmern. Keiner soll es auch nur wagen, dir Schmerzen zuzufügen.

Ein Gedanke war es, der uns beide schlussendlich zusammengeführt hatte. Ein tiefer Wunsch, der in Erfüllung gegangen war. Es gab jemanden, der mich brauchte. Jemand, der in dieser Welt nicht überleben konnte ohne mich. Ein einziges Wesen, das mich wirklich gebraucht hat. Ein Wesen, das alles ändern würde. Das Pferd, so unscheinbar, wie es war, hatte mir, ohne dass ich es zuerst bemerkt hatte, mein Leben gerettet. Es wurde zu meinem Leben. Ein Leben, dass ich ihm zuliebe weiterleben musste. Es hat die Mauer auf meinem Weg zum Brechen gebracht. Er wurde zu meinem Weg.

22. Kapitel

Es ist immer schwierig, einen Grund zu finden, um sich das Leben zu nehmen. Noch viel schwieriger aber ist es, einen Grund zu finden, um zu bleiben. Denn wenn du etwas gefunden hast, das dich zum Bleiben zwingt, fängt die Arbeit erst richtig an. Du musst nämlich lernen, deinen Problemen ins Auge zu blicken. Eine andere Wahl hast du nicht, denn du weißt, dass dich jemand braucht. Und das Gefühl, wirklich gebraucht zu werden, ist stärker als alle Probleme dieser Welt.

Niemand soll glauben, dass es einfacher wird. Im Gegenteil. Es wird härter, als du es dir vorstellen kannst. Du hast jetzt nämlich nicht mehr die Möglichkeit, einfach so zu verschwinden. Du musst leben. Du musst leben, um die beschützen zu können, die du liebst. Ich musste leben, um den zu beschützen, der mich gebraucht hat.

Für viele mag diese Situation unverständlich oder verwirrend sein. Ein Tier, das einem Menschen das Leben gerettet hat. Das ist doch absurd. Das mag schon sein und für manche von euch auch zutreffen. Ich sehe in diesen Geschöpfen aber mehr. Sie sind eigentlich die wahren Opfer unserer Welt. Lebensraum wird ihnen genommen. Sie werden ohne Grund getötet. Der Mensch versucht nicht nur Macht über sich selbst, sondern auch über alle anderen Lebewesen zu erringen. Viele glauben, dass Tiere über keine Seele verfügen oder gar Gedanken besitzen. Es sind einfach nur Tiere. Wesen, die mein Leben gerettet haben. Denn ohne sie wäre jetzt niemand in der Lage, diese Worte lesen zu können, weil es gar keine Worte geben würde, die man lesen könnte. Tiere sind für mich ebenso wertvolle Geschöpfe wie die Menschen auch. Und wenn ich mich hätte entscheiden müssen, hätte ich jedes Tier einem Menschen vorgezogen. Die Menschen waren es, die mich vergessen hatten, ein einziges Tier war es, das mich zurückgebracht hat. Für viele Menschen unverständlich, für mich ein Grund, weiterzuleben. Ich hatte eine Verpflichtung. Ein Versprechen, das gehalten werden musste.

Es würde nicht leicht werden. Das konnte ich aber bis dahin noch nicht wissen.

Was mache ich denn jetzt? Ich kann nicht einfach gehen, wenn es ihn gibt. Es braucht mich. Alle sehen nur das Schlechte in ihm. Es wird es nicht ohne mich schaffen, sie werden es quälen, und ich könnte nichts dagegen tun, wenn ich nicht mehr hier bin. Ich kann es nicht allein lassen. Ich muss bleiben, um es beschützen zu können. Denn es gäbe niemand anderes, der es beschützen würde. Genauso wie ich wäre es allein. Ich muss bleiben, um es beschützen zu können.

Ein Gedanke, der mein Leben verändert hatte, weil es nun überhaupt wieder ein Leben gab. Ein Leben, das einzig und allein gelebt wird, um es beschützen zu können. Der einzige Grund, wieso ich mich an diesem Montag nicht vor den Laster gestellt hatte. Der einzige Grund, der mich bleiben ließ. Der Gedanke, dass es mich braucht. Der Gedanke, dass es meine Pflicht war, es beschützen zu müssen. Ein Gedanke, der mein Leben verändert hatte, weil es nun wieder ein Leben gab.

Was würde geschehen, wenn es einmal nicht mehr hier sein wird? Wenn ich keinen Grund mehr habe, hier zu sein? Was soll ich tun, wenn ich es verliere? Ich werde keinen anderen Grund mehr finden. Es wird nichts anderes geben, das mein Leben retten würde. Irgendwann werde ich wieder allein sein. *Worte, die mir durch den Kopf gingen. Worte, die manchmal auch heute noch durch meinen Kopf schwirren. Ich weiß nicht, was geschehen wird. Damals wusste ich nur eins:* Ich muss leben.

Ein Leben, das sich verändern würde. Ein Weg, der meine Zukunft bestimmen sollte.

23. Kapitel

Es wird ein harter Kampf sein, den du kämpfen wirst. Deine Gedanken werden nicht einfach verschwinden. Sie werden bleiben. Das, was du jetzt tun musst ist, zu lernen, mit ihnen umzugehen. Du musst lernen, mit ihnen leben zu können.

Du wirst nicht einfach vergessen können, was dich so lange Zeit verfolgt hat. Deine Erinnerungen kann niemand einfach verschwinden lassen. Deine Erinnerungen begleiten dich auf jedem deiner Schritte. Auch wenn du jetzt endlich jemanden gefunden hast, der dein Leben wert ist, wird in deiner Seele immer irgendwo ein Platz sein, der verloren ist. Den du wohl nie wieder erreichen kannst. Ein Gefühl, dass dir immer erhalten bleiben wird. Du kannst es nicht ignorieren. Du kannst nur lernen, damit zurechtzukommen. Der Kampf wird hart. Die Menschen um dich herum wissen nicht, dass du kämpfst. Und ihrer Reaktion hast du es zu verdanken, dass der Kampf schwieriger wird als geplant.

Das letzte Schuljahr hatte begonnen. Ich kann mich nicht erinnern, wie ich mich gefühlt hatte. Auf jeden Fall hatte man den Unterricht bald wieder im Griff. Aber es war nicht leicht. Von allen Seiten als Emo bezeichnet zu werden, obwohl die Leute keine Ahnung davon haben, was das überhaupt bedeutet, hinterlässt unweigerlich seine Spuren. Natürlich konnte ich es nicht abstreiten. Ich hatte mich geritzt und musste nun auch mit den Konsequenzen leben. Aber es hat schon seine Richtigkeit, wenn man sagt: Was dich nicht umbringt, macht dich stärker. Ob es mich stärker gemacht hat, weiß ich nicht. Auf jeden Fall hat es mich nicht umgebracht. Noch nicht. Mit der Zeit habe ich schon gar nicht mehr hingehört, und die Leute um mich herum haben sich wohl mehr darüber aufgeregt als ich.

Es gab eine Zeit, die ein wenig leichter zu ertragen war, weil ich langsam gelernt hatte, mit der neuen Situation umzugehen. Nicht sterben zu können, weil es ein Wesen gab, das dich braucht. Es war mittlerweile knapp ein Jahr alt. Ich hatte eine Weile gebraucht, um den richtigen Namen für es auszusuchen. Es gab einen, der mir schon immer gefallen hatte. Shadow. Der Schatten. Ich hatte mich eine Zeit lang zu ihm auf die Weide gesetzt und musste feststellen, dass dieser Name nicht geeignet war. Es war viel zu gutmütig und lieb, als dass ich es mit diesem Namen strafen wollte. Ich horchte in mich hinein. Eine sanfte Brise wehte mir durchs Haar, und ich konnte sein Schnauben in der Ferne hören. Ich richtete meinen Blick zum Himmel. Ich sah die Unendlichkeit. Ich blickte in die Weiten des Universums. Alle Sorgen flogen mit dem letzten Windhauch in die Unendlichkeit. All mein Leiden konnte ich zu den Sternen schicken. Der Himmel war meine Unendlichkeit geworden. Ein Wesen wurde mir von dort oben geschickt, und das will ich nie vergessen. Ein Wesen, das den Namen meiner Unendlichkeit tragen sollte. Sky. Ein Pferd, das zu meinem Himmel wurde.

Alle Entscheidungen, die ich bis jetzt getroffen hatte und noch treffen würde, hingen einzig und allein von diesem Pferd ab. Alles richtete sich nach ihm. Wann ich schlafen gehe und wann ich aufstehe. Wann ich fortgehe und wann ich wiederkomme. Ich hatte ein Versprechen gegeben, und ich musste alles tun, um es einhalten zu können, denn ihm habe ich mein Leben zu verdanken.

Viele Dinge kamen auf mich zu. Das letzte Schuljahr war geprägt von Entscheidungen, die man treffen musste. Man musste anfangen, seine Zukunft zu planen.

Wie bitte soll ich eine Entscheidung treffen? Wie soll ich wissen, was ich in einem Jahr machen werde? Wer hat die Macht, uns vorschreiben zu können, was wir tun oder nicht? Ich habe keine Ahnung, was ich werden will oder wohin ich gehen soll.

Einem Schüler in diesem Alter den Auftrag zu geben, praktisch seine ganze Zukunft zu planen, sollte man sich zweimal überlegen. Knapp 15 Jahre junge Leute wissen doch gar nicht, was sie mit dem Wort Zukunft überhaupt anfangen sollen. Bei mir war es so, und ich glaube nicht, dass ich die Einzige war, die damit Probleme hatte. Auch heute noch habe ich sehr große Mühe damit, mir vorstellen zu können, was ich in einem Jahr tun werde. Aber diese Welt wurde geschaffen, um Entscheidungen zu treffen. Entscheidungen für die Zukunft, obwohl ich das nur schwer nachvollziehen kann.

Ich konnte mich nicht für eine Lehre bewerben, denn diese hätte zu viel Zeit in Anspruch genommen, und ich hätte mich nicht mehr um Sky kümmern können. Es musste also etwas sein, dass mir die nötige Freiheit gab, die ich gebraucht hatte. Dass mich diese Notsituation dazu bringen würde, mich einen Tag vor Anmeldeschluss für eine weiterführende Schule anzumelden, wusste ich zu diesem Zeitpunkt noch nicht. Ich wusste nur, dass ich Zeit brauchte. Zeit, um mir mein Leben bewusst zu machen.

Die Behandlungen bei Frau Perrez wurden eingestellt. Sie hatte das Gefühl, dass es nicht mehr nötig wäre, jede Woche vorbeizukommen. Ich hätte Fortschritte gemacht, was immer das heißen soll. Ich musste natürlich einverstanden sein mit dem Ganzen. Blieb mir ja keine andere Wahl, und sowieso hatte ich ja jetzt mein Ziel erreicht. Sie so weit zu bringen, dass sie das Gefühl hatte, ich wäre „geheilt". Der übliche Satz, dass ich immer vorbeikommen oder ihr eine Mail schreiben könne, beendete unseren gemeinsamen Weg. Dass ich mich nicht gemeldet hatte, sah sie wohl als gutes Zeichen an. Was vielleicht nicht ganz der Richtigkeit entsprach, aber auch nicht völlig aus der Luft gegriffen war.

Irgendetwas hatte nämlich angefangen, sich in meinem tiefsten Innern zu ändern. Ich wusste nicht, dass es geschah. Es veränderte sich ganz langsam. Ganz langsam, aber stetig. Ich hatte es nicht mitbekommen, aber ich fing an, wieder Leben in mir zu spüren. Nicht viel und kaum der Rede wert. Aber es war da. Ein kleiner Funke. Ein Fünkchen Hoffnung. Etwas Kleines, Unscheinbares fing in meinem Herzen an zu hoffen. Aber es war keine verlorene Hoffnung. Es war die gefundene Hoffnung meines Herzens. Nicht viel und kaum der Rede wert. Aber sie kehrte allmählich zu mir zurück. Meine Hoffnung auf Leben.

24. Kapitel

Hoffnung ist das Gefühl, das man hat, wenn man im tiefsten Innern eine kleine Stimme sprechen hört. Diese Stimme ist schon dein ganzes Leben lang ein Teil von dir. Es ist deine Seele, dein inneres Kind. Deine Seele trägt die Hoffnung, die dir den Glauben schenkt. Den Glauben, etwas erreichen zu können. Und dieser Glaube wird entfacht, wenn du erkennst, dass es Menschen gibt, die die gleiche Hoffnung haben wie du.

Das letzte offizielle Schuljahr hatte begonnen. Eine Zeit voller Entdeckungen und neuer Wege. Ein Jahr, das die Seele jedes Einzelnen öffnen würde. Ein Jahr, das die Schüler zu wahren Menschen werden lässt. Menschen mit Zielen, mit Wünschen. Menschen mit Ehrgeiz und Zuversicht. Menschen mit Angst vor dem, was ihnen bevorstehen wird. Menschen mit Mut, die dieser Angst entgegentreten werden. Menschen, die bereit sind zu leben. Menschen, die bereit sind zu hoffen.

Im Gegensatz zu allen anderen Klassen in unserer Stufe hatten wir die Landschulwoche nicht im vorletzten, sondern im letzten Schuljahr. Zu Beginn eines neuen Schuljahres bereits schon wieder eine Woche lang dem Schulunterricht zu entkommen, war wohl jedem Schüler recht. Auf jeden Fall war es für mich persönlich eine der wichtigsten Wochen im ganzen Jahr. Beziehungsweise war es die Fahrradtour von Biel nach Solothurn, die wichtig war. Diesen Kilometern habe ich es zu verdanken, dass ich heute weiß, dass es Menschen gibt, die tief in sich drinnen dieselben Gefühle und Wünsche für diese Welt haben wie ich.

Wir waren bereits schon einige Tage unterwegs. Am dritten Tag hatten sich die Lehrer entschieden, die Klasse aufzuteilen. Man konnte wählen, ob man nach Magglingen ins Sportzentrum gehen wollte oder ob man die gemütlichere Variante bevorzugte. Die, mit dem Rad nach Solothurn zu fahren und dort baden zu gehen. So wie ich war, wählte ich natürlich so wenig Anstrengung wie möglich, entschied mich also für die Fahrradtour. Natürlich war ich nicht allein. Jemand für mich ganz Besonderes war auch in meiner Gruppe. Es war Tatjana. Ein Mädchen, das anders war. Das hatte ich jedenfalls so im Gefühl. Und ich war jemand, der sich auf seine Gefühle verlassen konnte.

Ich habe mir viel Zeit damit gelassen, mir darüber Gedanken zu machen, wie die Bekanntschaft mit Tatjana überhaupt zustande gekommen war. Ich kann mich nicht daran erinnern. Ich weiß nicht, wieso wir überhaupt angefangen haben, miteinander zu reden. Ich weiß es bis heute nicht und sie ebenso wenig, denn ich habe sie gefragt. Aber am Ende zählt nicht der Anfang zum wichtigsten Teil einer Geschichte, sondern der Teil, der auch wirklich gelesen wird. Dieser Teil, der die Neugierde der Menschen weckt, nämlich: wie die Geschichte ausgeht.

Wir waren schon ein Weilchen unterwegs, und Tatjana und ich hatten uns ein wenig von den anderen entfernt. Nicht absichtlich, wir konnten mit dem Tempo der anderen einfach nicht mithalten. Das hat uns aber wenig beeindruckt, denn wir fingen an, uns zu unterhalten. Es begann eine dieser Unterhaltungen, die man nicht öffentlich jedem vortragen würde, weil man nicht einmal weiß, ob man dem Gegenüber das Vertrauen schenken kann, welches nötig ist, um so ein Gespräch überhaupt führen zu können. Ich bin froh, dass ich das Vertrauen hatte und dass ich es getan habe. Eine Unterhaltung, die inhaltlich wohl nicht gerade die Beste schien, aber es war DIE Unterhaltung, die mir bewusst machte, welcher Weg auf mich warten würde. Worte, die mich sehen ließen, dass ich eine Kraft in mir trug, die mein Leben verändern würde. Worte, die mir zeigten, dass ich nicht der einzige Mensch war, der auf der Suche nach Hoffnung war.

„Fragst du dich manchmal, wieso wir eigentlich hier sind? Ich meine, wieso gerade wir auf dieser Erde leben und wieso gerade wir zwei jetzt in diesem Moment ein Gespräch führen?"

„Mhm, ja, das ist mir auch schon einige Male durch den Kopf gegangen." *Wir hatten uns schon eine Weile unterhalten und gemerkt, dass wir mehr gemeinsam hatten, als uns bewusst war. Außerdem hatte ich mit der Zeit das Gefühl, dass dieses Gespräch für unsere Zukunft eine größere Bedeutung hatte. Dass unsere Worte zu etwas Großem bestimmt waren.*

„Ich habe immer das Gefühl, hier irgendwie nicht hinzugehören."

„Das geht mir auch so. Aber was wollen wir tun?" *Ich habe ihr natürlich nicht den Vorschlag gemacht, einfach zu verschwinden, da dies auch für mich in diesem Moment keine Option mehr war. Wir mussten irgendeine Lösung finden, diese Welt und dieses Leben bewältigen zu können.*

„Ich will einfach nicht verbittert werden und jeden Tag mit falschen Vorstellungen eines perfekten Lebens aufwachen. Ich möchte wissen, dass ich etwas bewirken konnte. Dass ich nicht vergeblich gelebt habe."

Wir schauten uns an, und ich sah in ihren Augen, dass sie denselben Wunsch in sich trug. Wir verspürten beide den Wunsch, für die Welt von Bedeutung zu sein.

„Versprechen wir uns was." *Ich weiß, dass sie genau den gleichen Gedanken hatte wie ich. Ich weiß nur nicht, ob sie das heute noch weiß.*

„Wir sind nicht vergeblich hier. Wir sind zu etwas Größerem bestimmt. Lass uns der Welt zeigen, wer wir sind. Lass uns die Welt verändern."

„Ja, das tun wir. Die Welt weiß noch nicht, dass wir existieren, aber wir wissen, dass die Welt existiert. Wir müssen nur noch dafür sorgen, dass sie uns kennenlernt."

„Versprechen wir uns, dass wir da rausgehen und der Welt unseren Stempel aufdrücken werden."

„Wir sind zu was Größerem bestimmt."

„Wir werden der Welt beweisen, dass wir nicht vergeblich hier waren."

„Wir werden die Welt verändern!"

„Wir werden die Welt verändern!"

Wie verändert man die Welt? Wie viel kann ein einzelner Mensch bewirken? Ein Mensch von so vielen auf dieser Welt. Wie kann er sich bemerkbar machen? Auch ich weiß keine Antwort darauf. So viele Menschen auf dieser Welt, die den gleichen Wunsch haben wie ich. Manche sind in der Lage, etwas in der Welt bewirken zu können, weil sie im richtigen Moment den Mut hatten, einen Schritt weiterzugehen. Andere verschließen sich davor, weil sie Angst haben, nicht von Bedeutung zu sein, obwohl sie mit ihrem Handeln vielleicht eine Spur hinterlassen hätten. Wir alle gehören zu dieser Welt, und wir alle sind die Veränderung, die dieser Welt widerfährt. Wir sind alle zu etwas Großem bestimmt. Jeder von uns ist ein Teil dieser Welt, und so ist auch jeder von uns ein Teil ihrer Veränderung. Das Einzige, was wir jetzt noch tun müssen ist, zu erkennen, dass wir selbst die größte Veränderung sind. Jeder von uns. Dieser Wandel, der die Welt verändern soll, ist der Wandel, der in unserem Herzen beginnt.

Wir müssen das nur erkennen.

25. Kapitel

Wo ist unser Platz in dieser Welt? Wie wissen wir, dass wir das Richtige tun? Ich kann euch beruhigen. Niemand weiß das. Das Einzige, was wir tun können ist, auf unser Herz zu hören. Darauf, was es uns zuflüstert. Um dann, wenn wir bereit dafür sind, mit dem Gefühl, das dieses Flüstern in uns weckt, die Entscheidung zu treffen, die wir für richtig halten.

Das Schuljahr war bereits wieder in vollem Gange. Die Landschulwoche ging aber nicht spurlos an uns vorbei. Ich habe viel Zeit mit Tatjana verbracht, obwohl wir nicht einmal in derselben Klasse waren. Das lag wohl daran, dass sie in der Progymnasialklasse war und ich mich dazu entschlossen hatte, in der Sekundarklasse zu bleiben. Ich hätte die Möglichkeiten gehabt aufzusteigen. Ich habe mir aber immer wieder gesagt, dass ich lieber eine gute B-Schülerin als eine mittlere A-Schülerin sein wollte. Manchmal wüsste ich gern, wo ich jetzt stehen würde, wenn ich mich damals anders entschieden hätte. Aber ich habe noch niemanden gefunden, der zaubern kann.

Auch mit meinen Klassenkameraden habe ich mich immer besser verstanden. Es hat sich irgendwie einfach so ergeben. Wir hatten wirklich viel Spaß zusammen. Doch all dieser Spaß konnte trotzdem nicht bewirken, dass ich aufgehört hätte, über mein Leben nachzudenken. Ich konnte das, was mich praktisch mein ganzes Leben lang beschäftigt hatte, nicht einfach so vergessen. Meine Sicht hatte sich dank Tatjana in so weit geändert, als ich beschlossen hatte, mein Leben in Angriff zu nehmen. Es nicht wegzuwerfen, sondern das Bestmögliche daraus zu machen. Ich wusste nun, dass ich in meinem Denken nicht so allein war, wie ich bis dahin gedacht hatte. Ich musste jetzt nur lernen, diese Menschen zu erkennen, die genau wie ich wissen, dass es mehr gibt als das, was jeder Einzelne von uns denkt. Leider war mir damals aber nicht bewusst, dass das so schwer sein würde. Und ich kann euch sagen, dass es bis zum heutigen Tag nicht einfacher geworden ist. Aber das ist eine andere Geschichte.

Es war nicht zu übersehen, dass es mich in keiner Weise störte, wenn Leute auf meinen Arm blickten. Ich muss sogar gestehen, dass ich es geliebt habe, in die verwirrten und fragenden Gesichter der Fremden zu schauen, die sich einen kurzen Blick gegönnt hatten und auch noch der Überzeugung waren, dass ich es nicht mitbekommen hätte. Ein wenig anders sieht es bei meiner Familie aus. Mittlerweile laufe ich zu Hause im Shirt rum, ohne mir Gedanken darüber zu machen. Meine Familie weiß Bescheid, hauptsächlich darum, weil meine Mutter es ihnen gesagt hat. So wie ich meine Mutter kenne, hätte ich angenommen, dass sie es gleich der ganzen Verwandtschaft erzählt, musste aber später erkennen, dass dem nicht so war. Noch heute sind nicht alle in meiner Umgebung von meinen Narben in Kenntnis gesetzt. Was mir aufgrund der Tatsache, dass ich nie wirklich ein gutes Verhältnis dazu hatte, ehrlich gesagt nicht einmal missfällt. Auch das ist ein Grund, wieso ich mich davor fürchte oder gelinde gesagt Respekt davor habe, diese Zeilen öffentlich zu machen. Denn sobald diese Menschen von diesen Zeilen erfahren haben, wird sich wohl noch einmal einiges ändern. Und diesem Tag, an dem das geschehen wird, fiebere ich in keiner Weise freudig entgegen. Aber wie schon gesagt: Der Mensch muss mit den Konsequenzen seines Handelns klarkommen. Aber ich bin das, was ich bin, durch das, was ich gedacht und getan habe. Soll's einer ändern, wenn er will. Ich entschuldige mich nicht für mein Leben und meine Taten. Ich habe gelernt, damit zu leben, und das kann ich wohl oder übel keinem von euch abnehmen. Jeder muss selbst damit fertig werden.

Eigentlich hatte ich ja alles erreicht, was ich wollte. Ich wollte Aufmerksamkeit. Ich wollte, dass man Notiz von mir nimmt. All das habe ich erhalten – und trotzdem fehlt irgendetwas. Die Stimme in meinem Kopf ist immer noch da. Die Narben fangen an zu verblassen, aber die Verwirrtheit meiner Seele bleibt. Die Aufmerksamkeit fängt an zu zerfallen, aber die tiefe Sehnsucht in meinem Herzen ist immer noch da. Sie ist nicht einfach verschwunden. Tief in meinem Herzen bleibt das Gefühl erhalten. Ich habe fast die Vermutung, dass sich das so schnell nicht ändern wird. Man hatte Notiz von mir genommen, aber die Notizen werden langsam aber sicher wieder gelöscht. Das war leider auch nur eine Frage der Zeit. Doch ich wollte nicht, dass das aufhört. Ich wollte die Aufmerksamkeit zurück – und um das wieder zu erreichen, sah ich nur einen Ausweg.

Ritzen tut man, ohne dass man es überhaupt wahrnimmt, in einer Art Rausch. Doch dieser Rausch hält nicht für immer an. Es hält nicht an. Dieses Gefühl von Erlösung wird nicht für immer da sein. Entweder es gelingt einem, dieser Tatsache ins Auge zu blicken, oder man geht daran zugrunde. Irgendwann ist er verflogen, und wenn du es dann tun willst, gelingt es dir nicht mehr. Dein Mut dazu hat dich verlassen. Du zögerst. Du zögerst dabei, das Messer erneut deine Haut spüren zu lassen. Der Grund? Weil du weißt, wie schmerzhaft es sein wird. Es ist nicht allein die Wunde, die dir das Blut in den Adern gefrieren lässt, sondern es ist der Gedanke an das, was du noch einmal durchmachen müsstest, sollte irgendjemand davon erfahren. Es würde nicht der Schmerz sein, den du bereits kanntest. Er würde dich weder befreien noch zufriedenstellen.

Es funktioniert einfach nicht mehr, egal wie sehr du es dir wünschst. Du musst erkennen, dass du aufgehört hast, in einem Rausch zu leben. Dein eigenes Leben und die Leute darum herum, Gedanken, Taten oder Begegnungen, all diese Dinge haben langsam, aber stetig den ewigen Rausch, in dem du gefangen warst, beendet. Ohne diesen Rausch, ohne dieses Verlangen bist du nicht mehr in der Lage, dich zu verletzen. Du zögerst, weil du weißt, was du dir damit antun würdest.

Viele wissen wohl nicht, wie sie sich diese Situation vorstellen sollen. Ich gebe ein Beispiel. Jeder hat das sicher schon einmal erlebt, dass man etwas Leckeres kocht. Man freut sich schon riesig auf das Festmahl, das bevorsteht. Doch wie aus dem Nichts verbrennt man sich an der feurigen Herdplatte. Man erschrickt, hält die Hand unter das fließend kalte Wasser, und der Körper schüttet Adrenalin aus, um die Schmerzen erträglicher zu machen. Nehmen Sie jetzt an, dass Sie nach dem ganzen Vorfall die Hand ABSICHTLICH noch einmal an den Herd halten sollen. Was geht in Ihnen vor? Eigentlich war es beim ersten Mal ja gar nicht so schlimm, oder? Wie können Sie sich dann vor dem zweiten Mal so enorm fürchten? Der Grund? Sie haben sich in Ihren Gedanken schon bereits vorgestellt, wie schmerzhaft es sein wird, weil Sie ja jetzt wissen, dass es überhaupt schmerzhaft ist. Ihr Körper fängt schon automatisch an, sich auf enorme Qualen vorzubereiten. Das ist dann der Grund, wieso es beim zweiten Mal viel schmerzvoller ist als beim ersten. So in etwa könnt ihr euch meine Situation vorstellen.

In diesem Moment musste ich mir eingestehen, dass es vorbei war. Ich konnte mich nicht mehr auf das Verlangen, meinem Körper Schmerzen zuzufügen, einlassen. Nicht, dass ich es nicht mehr tun wollte. Ich wollte schon, aber irgendetwas hat mich davon abgehalten, dieses Ritzen noch länger attraktiv zu finden. Zum einen waren sicherlich die Schmerzen schuld, die wie aus dem Nichts plötzlich da waren, als ich ein weiteres Mal versucht habe, mir das Messer in den Arm zu rammen. Zum anderen sind es die Menschen um dich herum. Dein Umfeld, das dir die Möglichkeit nicht offenlässt, anders zu sein. Denn du weißt: Sterben kannst du momentan nicht – es gibt nämlich jemanden, der dich braucht und ohne den du verloren wärst. Das heißt, ich war gezwungen, mir mein Umfeld so angenehm wie möglich zu gestalten. Da waren sichtbare Verletzungen nicht mehr angebracht. Das hat am Ende dann auch dazu geführt, dass ich aufgehört habe, mich körperlich zu verletzen.

26. Kapitel

Wie viel Glauben schenken wir Worten, die von anderen stammen? Wie viel Wert erwacht aus Worten, die über uns gesprochen werden? Ich glaube, wir achten die Worte mehr, die von uns handeln und von denen wir im tiefsten Innern glauben, dass sie einer bestimmten Wirklichkeit entstammen. Vielleicht, weil wir hoffen und uns danach sehnen, dass die Worte stimmen, die gesprochen wurden.

Das Ende des Schuljahres ist gekommen. Es ging schneller als erwartet. Viel schneller. Das Jahr war gefüllt mit Emotionen, Begegnungen und Momenten, die einem wohl ein Leben lang in Erinnerung bleiben werden. Ich werde mich nicht an alles erinnern können. Wer kann das schon? Vieles werde ich vergessen. Einiges, bei dem es vielleicht sogar wichtig wäre, dass ich es nicht vergesse. Aber ich kann nicht steuern, woran ich mich erinnere und woran nicht. Ich werde mich zum richtigen Zeitpunkt an die richtigen Dinge erinnern. Hoffe ich. Vielleicht werde ich irgendwann einmal irgendjemandem auf dieser Welt meine Geschichte erzählen können? Meine Erfahrungen, die ich in meinem kurzen Leben schon gemacht habe oder machen durfte.

Ich schreibe all diese Worte unter anderem auf, weil ich Angst habe, sie zu verlieren. Jeder von uns wird älter. So werde auch ich älter und vergesslicher. Ich möchte die Erinnerung an diese Zeit nicht verlieren, weil es ein unglaublich wichtiger Teil meines Lebens ist. Der Teil, der überhaupt dazu geführt hat, dass ich noch am Leben bin. Dies kann und will ich nicht verlieren. Es sind nur ein paar Jahre vergangen, und ich habe schon jetzt Mühe, mich an das Geschehene zu erinnern, weil ich das Gefühl in mir habe, dass diese Zeit, diese Momente und Augenblicke in einem anderen Leben stattgefunden haben.

Was tut man am Ende eines Schuljahres? Die letzten Prüfungen stehen an. Letzte Ausflüge werden unternommen. Es wird aufgeräumt und die Schüler fangen an, ihre Bücher und Ordner nach

Hause zu schleppen. All das tun Schüler jedes Jahr aufs Neue. Jahr für Jahr. Aber was geschieht, wenn es kein nächstes Mal geben wird? Wir sind am Ende unserer vorerst schulischen Laufbahn angekommen. Für uns wird es kein nächstes Mal geben. Die Jahre unserer Ausbildung, in denen wir für das Leben gelernt haben, sind vorbei. Jahre, die uns geprägt haben und zu dem gemacht haben, was wir sind, gehen zu Ende. Wichtige Jahre, die versehen sind mit Gedanken und Gefühlen und die in manchen von uns einige Emotionen auslösen. Für uns alle geht ein Lebensabschnitt zu Ende.

Ich frage mich, ob ich manche Menschen jemals wiedersehen werde? Man sieht sich ja bekanntlich immer zweimal im Leben.

Ich wollte nicht jeden wiedersehen. Es gab ein paar Leute, von denen hatte ich wirklich die Schnauze voll, und ich war froh, von ihnen wegzukommen. Müsste ich euch jetzt sagen, von wem ich hier rede, könnte ich euch hier und heute nicht einmal eine richtige Antwort darauf geben. Im Nachhinein nämlich würde ich jeden gern wiedersehen. Alle haben auf ihre eigene Art und Weise ihre Spuren hinterlassen, und ich wüsste gern, was aus diesen Menschen geworden ist. Und ich habe so das Gefühl, dass es ganz vielen da draußen genauso geht wie mir. Manche verdrängen es vielleicht nur oder erinnern sich einfach nicht mehr daran, dass es einmal eine solche Zeit mit solchen Menschen gegeben hat.

Wir sitzen alle um ein paar zusammengewürfelte Tische in der Schulgalerie. Es ist der letzte offizielle Schultag. Ein Tag, an dem bekanntlich gar keine Schule mehr praktiziert wird. Wir sitzen also in der Klasse um diese Tische herum und Herr Ledergerber steht gelassen vor uns und lehnt sich an den Tisch hinter seinem Rücken an, sodass er uns alle im Blickfeld hat. Er mustert uns und schaut in die Runde. Er grinst und fängt an zu erzählen, wie er uns alle zum ersten Mal gesehen hat und uns kennengelernt hat und wie wir uns im Laufe der Jahre verändert hätten. Im guten wie im schlechten Sinn. *Das jetzt hier zu erzählen, hätte wenig Hintergrund, denn solche Situationen und Momente sind für Menschen, die nicht dabei waren schwierig nachzuvollziehen. Ich weiß, das klingt vollkommen blöd aus meinem Mund, aber manche Dinge gehen andere Leute, außer die Betroffenen selbst, nichts an.*

„Ich habe mich entschieden, jedem von euch ein Wort zu schenken. Ein Wort oder einen Satz, der beschreibt, wie ich euch in diesen Jahren kennengelernt habe und wie ihr mir im Gedächtnis erhalten bleiben werdet." So hat er angefangen, und jeder von uns wurde nacheinander durch seine gedankliche Mangel genommen. Jetzt war ich an der Reihe. Ich habe mich schon die ganze Zeit gefragt, welches Wort er wohl für mich auf Lager hat. „Livia. Unsere Livia."

Ich weiß nicht, ob es nur mir so ging oder ob die anderen auch so gespannt darauf waren zu hören, was er ihnen für ein Wort widmen würde. Manche werden sich kaum daran erinnern, dass eine solche Diskussion jemals stattgefunden hat. Andere aber, so habe ich jedenfalls das Gefühl, erinnern sich noch sehr genau daran, weil ihnen diese Worte damals wohl genauso wichtig waren wie mir. Vielleicht werde ich irgendwann einmal von jemandem erfahren, wie es ihm damals ergangen war. Vielleicht bin ich aber auch die Einzige, die sich daran erinnert. Das soll nicht böse klingen, einige Menschen besitzen einfach die Fähigkeit, mit solchen Dingen abzuschließen – auch wenn diese Momente zum Zeitpunkt des Geschehens wichtig waren, müssen sie es nicht zwangsläufig immer sein. Ich persönlich erinnere mich einfach daran. Einfach, weil es so ist.

„Du bist für mich wie die Mutter von allen hier. Die Mutter, die schaut, dass alles seinen Gang nimmt und die sich auch nicht zu schade ist, mal auf den Tisch zu hauen, wenn es mal nicht so läuft, wie es eigentlich sollte." Die Mutter also? Irgendwie hat er gar nicht so unrecht.

Ich schaute in die Runde, weil ich wissen wollte, was die anderen davon hielten. Ich war sehr erstaunt, als ich bei den meisten ein sanftes Nicken wahrnehmen konnte. Ich weiß, einigen war das nicht recht. Weil sie mich nicht mochten oder aus ähnlichen Gründen. Das verstehe ich. Keiner kann jeden Menschen mögen. Trotzdem war ich ein wenig erfreut, dass doch so viele der Meinung waren, ich hätte eine Mutterfunktion inne. Anina, die mir im letzten Schuljahr eine gute Freundin geworden war, saß direkt neben mir, und als ich mich zu ihr umdrehte, nickte sie mir ebenfalls zu. „Er hat recht. Man kann immer zu dir kommen, wenn man Probleme hat oder Hilfe braucht. Du bist immer da und hilfst – wie eine Mutter."

Diese Worte hallen bis heute in meinem inneren Ohr. Ich glaube jetzt nach all den Jahren auch zu wissen, wieso ich mich so gut an genau diesen Moment erinnern kann. Es war das erste Mal seit sehr langer Zeit, dass die Menschen gesagt bzw. bestätigt haben, dass mein Handeln und mein Wesen geschätzt werden. Dass ich als Person, mit dem, was ich tue, Anerkennung finde. Das war für mich in all den Jahren wohl der größte Trost. Ich hatte, wenn vielleicht auch nur für einen kurzen Moment, das erhalten, wonach ich mich die Jahre hindurch gesehnt hatte.

Anerkennung.

27. Kapitel

Wie schließen wir mit etwas ab? Wie entscheiden wir, wann es für uns Zeit ist, einen neuen Weg zu gehen? Wann es Zeit ist, loszulassen und uns von einem Teil unseres Lebens zu verabschieden? Einen vielleicht sehr wichtigen Teil einfach hinter sich zu lassen. Die Zeit selbst ist der Grund, weshalb wir neue Ufer aufsuchen müssen und auch werden. Sie ist der Grund dafür, dass wir uns verändert haben. Genau diese Veränderung ist die Ursache dafür, dass wir durch uns selbst anfangen, neue Wege zu gehen. Dass wir uns mit einer doch tief verbundenen Sehnsucht von dem trennen, was zu Ende geht und mit ebenso großen Erwartungen auf das hoffen, was die Zukunft uns bringen wird. Ein Moment, in dem wir erkennen, dass alles einen Grund hat. Diesen Moment nenne ich Freiheit.

Der Abschlussball war gekommen. Der letzte Tag des Schuljahres und für manche sogar der letzte Tag ihrer schulischen Karriere. Mit diesem Tag endete für fast knapp 120 Schüler die obligatorische Schulzeit. Der Abschlussball. Ein Tag, den die Mädchen alle sehnlich erwarten und den die Jungen verabscheuen. Jeder wirft sich in Schale. Die Jungs mit ihren Anzügen wollen nur schnellstmöglich die würgende Krawatte loswerden und die Mädchen versuchen, sich gegenseitig mit ihren Ballkleidern zu übertrumpfen. Der Vergleich damit, wer die teuerste Hochsteckfrisur hat, war eine bekömmliche Abwechslung, um sich ein wenig zu amüsieren. Ich hatte das Glück, eine Schwester zu haben, die sich die Mühe gemacht hatte, eine schöne Frisur für mich zu zaubern. Im Nachhinein würde ich mir die Haare nicht mehr hochstecken lassen. Aber eben. Im Nachhinein. Jeder Mensch würde wohl vieles in seinem Leben „im Nachhinein" anders machen. Aber diese Gelegenheit bietet sich nie. Man kann an Wiedergeburt glauben oder an Karma, aber man wird niemals eine Sache zweimal auf dieselbe Art und Weise machen können. Man sagt immer „Sag niemals nie", aber in diesem Fall trifft es zu.

Es war einer der schönsten Tage im Jahr, was die ganze Sache noch ein wenig melancholischer machte. Das hatte so etwas Kinoreifes. An einem wunderschönen Sommerabend einen Abschlussball feiern, wundervolle Kleider und tüchtig rausgeputzte Jungs, was ist daran bitte nicht movie-like? Auf jeden Fall waren alle ganz aufgeregt. Nicht nur, weil der wohl peinlichste tänzerische Moment in den Augen der Schüler im Beisein der Eltern bevorstand, sondern weil jeder wusste, dass dieser Tag und damit eine Lebensetappe zu Ende gehen würde. Jeder Einzelne von uns würde in wenigen Stunden einen anderen Weg einschlagen. Manche würden noch eine Weile lang gemeinsam gehen, aber schlussendlich würde jeder seine Reise, sein eigenes Leben antreten. Das macht Angst. Unweigerlich. Solche Dinge zu wissen und sie sich durch den Kopf gehen zu lassen, erfüllt jeden mit Angst oder zumindest mit Respekt. Einige würden das heute wohl abstreiten, aber jeder – und dafür lege ich meine Hand ins Feuer – hatte mindestens ein Gefühl, welches ihn den Abend hindurch begleitet hatte. Ein Gefühl, vor dem sich keiner verstecken konnte. Es ist nicht immer ein schönes Gefühl, und bei den meisten ist dies der Auslöser für die Angst, die sich in ihnen ausbreitet. Das Gefühl der Ungewissheit. Die Ungewissheit, wie der nächste Tag aussehen würde, wie sich die nächsten Wochen, Monate oder sogar Jahre entwickeln würden. Keiner wusste das. Eine Ungewissheit, die bis heute Bestand hat und für alle Zeit Bestand haben wird. Wer weiß schon, was morgen kommt?

Der Hauptteil des Tages ging so schnell vorbei, wie er gekommen war. Den Tanzwettbewerb und die dazugehörige Rangverkündigung werde ich jetzt nicht im Einzelnen erläutern. Wer es noch nie erlebt hat und wissen möchte, wie das so ist, besucht am besten einen Tanzwettbewerb. Ich kann nur sagen, dass es nicht so toll ist, einen Tanzpartner zugelost zu bekommen, mit dem man dann sämtliche Tänze bestreiten muss. Auf diese Bemerkung hin antworteten die Lehrer immer mit der Aussage, dass sonst nicht alle einen Partner hätten, um auf dem roten Teppich zu laufen. Bei allem Respekt, aber diese Ausrede lasse ich nicht gelten. Wäre nicht genau das jenes – die eigene Entscheidung treffen zu dürfen oder vielleicht zu müssen –, was in diesem Moment angebracht wäre? Ich bin der Meinung: Wenn die Lehrer das Gefühl haben, einem 15- oder 16-jährigen Jugendlichen die Verantwortung auferlegen zu können, seine Zukunft in einer solchen Weise zu planen, wie es für einen Menschen in diesem Lebensstadium nur möglich ist – dann sollten sie auch die Courage besitzen, ihnen auf dem roten Teppich die freie Wahl zu lassen. Einige würden vielleicht mit der besten Freundin über den Teppich stolzieren. Andere würden es vielleicht wagen, einen jahrelangen Schwarm anzusprechen und zu fragen, um dann herauszufinden, dass man sich alle Sorgen vergeblich gemacht hat. Ja, einige würden auch allein über diesen Teppich gehen. Vielleicht, weil sie niemanden gefunden haben oder weil sie es einfach allein bewältigen wollen. Das würde einigen wohl herzlos vorkommen, aber ich glaube, diesen Mut müssten jene Menschen einfach aufbringen. Denn die große weite Welt, in die man geschickt wird, wird keine Tanzpartner mehr verlosen. Dort wird jeder kämpfen müssen. Jeder Einzelne. Ein paar werden sich zusammenschließen, um den Weg zu bewältigen, andere aber werden weiter allein kämpfen. Manche freiwillig, andere nicht. Die Tatsache ist nur, dass es jeder tun muss. Das wollte ich nur kurz dazu sagen.

Alles in allem aber war es ein Abschlussball, wie er im Bilderbuch steht. Ein wunderschöner Abend. Keine Wolke war zu sehen. Alle hatten Spaß und waren vergnügt miteinander. Es wurde getanzt und gelacht. Genau das, was ich mir von einem solchen Fest erwartet hatte. Ein Fest der Freude. Aber wie alles Schöne hat auch dieser Moment einmal ein Ende. Die Sonne ging langsam unter, und ich war auf den Balkon der Schule gestiegen, um ein wenig zur Ruhe zu kommen. Die Schule lag auf einem Hügel, und dadurch konnte man vom Balkon aus über die gesamte Umgebung blicken, bis zum Horizont. Der Himmel wurde in ein unglaubliches Abendrot getaucht. Genau wie in einem Film, bei dem man denkt, dass das in Wirklichkeit gar nicht möglich wäre. Ich persönlich hatte noch nie ein so schönes Abendrot gesehen. Die ganze Welt schien in dieser Atmosphäre zu versinken. Man hatte das Gefühl, die Zeit würde für diesen Augenblick stehenbleiben. Als hätte es nie ein Gestern gegeben und als würde man nicht wissen, dass es ein Morgen gibt. Die Leute unten auf dem Hof bewegten sich wie in Zeitlupe. Ein Bild wie eingefroren. Als wäre dieser Moment dazu bestimmt gewesen, nie zu vergehen.

Alles vergeht aber irgendwann einmal. Einiges früher und anderes später. Wir müssen einfach aufpassen, dass wir den Wechsel nicht verpassen und Gefahr laufen, in der Vergangenheit festzustecken. Das würde uns daran hindern vorwärtszukommen. Unseren Weg vor Augen zu haben, den wir bestimmt sind zu gehen.

„Schön, nicht wahr?" *Ich war ein wenig erschrocken, als sich jemand neben mir bemerkbar machte.*

„Ja, es ist ein Abend wie im Bilderbuch."

„Schon komisch, dass diese drei Jahre schon vorbei sind. Wir hatten doch gerade erst angefangen."

Damit hatte sie auch vollkommen recht. Es war viel zu schnell vorbeigegangen. Kaum hatte man gelernt, gut miteinander auszukommen, würde man schon wieder getrennte Wege gehen. Klar wird man sich in Zukunft ab und zu über den Weg laufen, aber es wird nicht mehr das Gleiche sein. Denn die Zeit hat die Gewohnheit, Dinge zu verändern. Uns zu verändern. Wir nehmen es im Moment des Geschehens nicht wahr, aber tief in unseren Herzen wissen wir, dass sich alles verändern wird. Man mag vielleicht noch befreundet sein, aber das Leben lässt uns nicht für immer 15 sein. Und das Älterwerden hat Tücken, die unweigerlich dazu führen, dass wir uns verändern. Zum Guten wie zum Schlechten. Manche Dinge werden uns gut vorkommen, weil sie uns weitergebracht haben oder uns eine Bestätigung dafür geben, dass wir richtig leben. Andere Dinge werden uns auf unserem Weg zurückwerfen oder ihn versperren, sodass wir nicht mehr weiterkommen. All diese Dinge sind aber gewiss nicht als Problem oder Geschenk anzusehen. Es sind einzig und allein Aufgaben. Das Leben allein ist eine einzige Aufgabe. Wir sollen einen Beitrag an die Welt leisten und unsere Spuren hinterlassen. Denn jeder wird hier Spuren hinterlassen. Mit all den guten und schlechten Taten eines Menschen wird er seine Erinnerungen hier auf Erden festigen. Alles was wir tun, lässt Erinnerungen zurück. Nicht nur in den sichtbaren Taten, die wir vollbringen, sondern auch in den Gedanken und Gefühlen, die wir in unseren Mitmenschen hinterlassen. Erinnern wird man sich also allemal. Die Frage ist nur, wie man in Erinnerung gehalten werden möchte.

„Was wird die große Welt wohl für uns bereithalten?" *Solche Dinge gehen mir dauern durch den Kopf. Also wieso nicht darüber sprechen?*

„Ich kann es dir nicht sagen. Für uns alle wird ein neuer Weg entstehen. Und es wird sicher spannend, herauszufinden, wie wir uns entwickeln werden."

„Manchmal wüsste ich gern, wie unsere Zukunft aussehen wird. Dann müsste man sich keine Sorgen mehr machen."

„Da hast du recht. Aber was wäre denn dann der Reiz an der Zukunft? Wir könnten uns auf nichts mehr richtig freuen oder wir wüssten schon, wenn irgendetwas Schlimmes passieren wird. Ich lasse mich lieber überraschen."

„Mhm, stimmt auch wieder. Wenn ich mir die letzten drei Jahre so ansehe, die kaum ein Augenzwinkern lang gedauert haben, wird die Zukunft sowieso eher kommen, als wir uns das vorstellen."

„Dann lassen wir es doch auf uns zukommen."

„Ja, mal sehen, wo uns die Zukunft hinbringen wird."

„Sehen wir uns nachher unten?"

„Ja, klar, bis gleich." *Sie ist wieder gegangen, und ich starrte noch eine Weile auf den Horizont, der das abendliche Rot langsam verschlang. Ich werde euch prinzipiell nicht sagen, mit wem ich da gerade gesprochen hatte. Das würde mir ja den ganzen Spaß daran verderben. Und hinterfragen solltet ihr ja schließlich auch noch ein wenig. Sonst habe nur ich die ganze Arbeit gemacht. Und wir setzen uns heutzutage ja schließlich für die Gleichberechtigung ein.*

Der Blick in die Menschenmenge, die sich unter mir bewegte, war sehr faszinierend. Ein Anblick, der die Zukunft nicht besser hätte widerspiegeln können. Einigen war die Angst vor der Zukunft ins Gesicht geschrieben und sie versuchten, es mit einem Lächeln oder sonstigen Gesten zu vertuschen und davon abzulenken. Andere wiederum freuten sich, all diese Dinge endlich hinter sich zu lassen, weil sie entweder gehänselt wurden oder diese drei Jahre nicht so erfahren hatten, wie sie es sich vorgestellt hatten. Aber sicher war, dass es keinem von denen da unten gleichgültig war, was mit der Zukunft geschehen würde. Einige konnten es vielleicht überspielen, aber im tiefsten Innern war jeder auf die Zukunft gespannt. Eine Tatsache, die selbstverständlich ganz normal war. Ich meine, wer möchte nicht wissen, wie sich sein Leben entwickeln wird und was die Zukunft für ihn bereithält? Solche Fragen werden die Menschheit immer beschäftigen. Jeder fragt sich nämlich mindestens einmal in seinem Leben, welchem Sinn sein Leben eigentlich gewidmet ist und was das Ziel seiner Existenz darstellen soll. Manche mögen schon dahintergekommen sein.

Ich jedenfalls hatte mit meinen 15 Jahren noch keine Ahnung, was geschehen wird. Weder wo ich irgendwann in Zukunft mal sein werde noch, was ich dann tun würde. Die Zukunft war damals nur eins. Unbekannt.

Der Tag musste auch irgendwann zu Ende gehen. Die Leute und vor allem die Schüler fingen an, sich zu verabschieden. Voneinander und einige auch von den Lehrern, weil sie ihnen in den letzten Jahren doch sehr ans Herz gewachsen waren. Ich war mittlerweile wieder unten angekommen und habe mich zu Johanna gesellt. Wir standen eine Weile lang einfach ruhig nebeneinander und beobachteten die tosende Menge. Viele fingen an, fürchterlich zu weinen. Einige wohl aus Gruppenzwang und andere wohl, weil ihnen klar wurde, dass es nun für jeden anders weitergehen wird. Wir standen ein wenig abseits, um das ganze Spektakel zu bewundern. Uns war nämlich in keiner Weise klar, wieso zum Teufel die Leute angefangen haben zu weinen. Wir tauschten einen Blick miteinander und schauten uns an. Ihr wisst schon, so ein Blick, den man in hundert Jahren nicht nachahmen könnte, wenn man es versuchen würde. So ein „Was-zum-Teufel-geht-hier-vor"-Blick. Und die Tatsache, dass wir voneinander wussten, dass wir gerade genau dasselbe gedacht hatten, ließ uns in schallendes Gelächter ausbrechen. Die Absurdität dieses Augenblicks war nicht zu überbieten. Leute verabschiedeten sich voneinander, die sich in den drei Jahren noch nie gesehen hatten. Oder solche, die dich jahrelang ignoriert hatten, kamen plötzlich zu dir und wollten dich umarmen. Meine Güte, in was für einer Welt leben wir denn? Das war es, was uns beiden klar wurde. Als wären die drei Jahre nie existent gewesen – oder als hätte die Welt der Schülergesetze plötzlich aufgehört zu existieren. Als würde jeder nach drei Jahren aufwachen und so tun, als wäre nie was passiert. Die Unwirklichkeit dieses Momentes zu erkennen, lässt einen automatisch in Gelächter ausbrechen.

Nichtsdestotrotz gab es einen einzigen Menschen, von dem ich mich eigentlich verabschieden wollte. Ich konnte es aber nicht. Herr Ledergerber war den ganzen Abend da gewesen. Ich hätte mit ihm reden können, aber irgendetwas sagte mir, dass dies nicht der richtige Augenblick war. Es war für mich damals auch völlig absurd. Wieso sollte gerade ich mich von ihm verabschieden? Diese Abschlussbälle hat er schon so viele Male durchgekaut, da würde er sich ja kaum an jemanden wie mich erinnern. Es wäre ein „Auf Wiedersehen" wie jedes andere auch. Man würde sich verabschieden, und dann wäre man nach kurzer Zeit schon wieder vergessen. Das ist schmerzhaft, vergessen zu werden. Deshalb war es einfacher, nicht Lebwohl zu sagen, denn vergessen zu werden schmerzt in diesem Fall nicht so sehr, als wenn man sich verabschiedet hätte. Denn man wäre bei einem Abschied und bei einem vielleicht daraus folgenden Gespräch davon ausgegangen, nicht vergessen zu werden.

Aus diesem Grund habe ich es schlussendlich dabei belassen, mir meine Erinnerung zu bewahren und mich nicht zu verabschieden. Manchmal muss man einsehen, dass etwas, an dem man für eine Weile festgehalten hat, nicht für immer bei uns sein wird. Das sind dann solche Veränderungen, die wir selbst nicht wollen, die wir aber akzeptieren müssen. Nicht nur, weil wir lernen müssen, selber zu leben, sondern auch, weil uns bewusst werden muss, dass die Veränderung selbst unser Leben ist. Wir selbst sind die Veränderung und der Grund dafür, wieso nichts für immer da sein wird. Wir sind Menschen. Wesen, die sich verändern lassen und selbst dazu beitragen, Dinge zu verändern. Es ist also nicht das Drumherum, das uns dazu zwingt, Veränderungen zu akzeptieren. Wir sind es. Wir selbst sind die größte Veränderung, die wir in unserem Leben erfahren werden. Jeder von uns wird nämlich sein Leben lang sich selbst gehören. So wird jeder auch die eigene Veränderung wahrnehmen und miterleben. Geboren werden, leben, sterben. Veränderung ist immer da und allgegenwärtig. Man kann sie nicht bekämpfen oder aufhalten. Ich weiß, wovon ich rede, ich habe es versucht. Jeder Moment ist so vergänglich wie das Blatt eines Baumes, das auf den Boden herabsinkt und zu Staub zerfällt.

Wie mit der hereingebrochenen Nacht der Tag zu Ende gegangen war, so vergingen die letzten Augenblicke meiner Vergangenheit. Die Zukunft war gekommen und würde neue Aufgaben für mich bereithalten. Ich kann nicht sagen, dass ich nichts gelernt hätte. Ich wusste tief in meinem Innern, dass mich diese Jahre verändert hatten. Ich hatte mich zu dem entwickelt, was ich war, und ich würde mich weiterentwickeln zu dem, was ich heute bin. Ich wusste, dass dieses Ende einen Grund hatte. Ich konnte zu diesem Zeitpunkt nicht sagen, welchen. Ich wusste nur, dass es gut war, wie es war und dass keiner der früheren Tage vergeblich gelebt wurde. Denn wir sind Veränderung, und es ist richtig so, wie es ist. Damals und heute. Hier und jetzt. In jedem gelebten Augenblick.

Denn die Momente kommen und vergehen wieder. Veränderung prägt unser Dasein. Wandel ist überall und in allem. Nichts wird ewig so sein, wie es jetzt ist, weil nichts so ist, wie es früher gewesen war.

Epilog

Was wir fühlen, entspringt nicht nur unseren Gedanken. Gefühle entstehen durch jede einzelne Handlung, die wir tätigen, jeden Augenblick, den wir erfahren, und jeden Moment, den wir leben. Deshalb kann es sein, dass wir Wege gehen, die wir noch gar nicht kennen.

Wer von uns weiß schon, ob wir in dem Augenblick, in dem wir leben, genau das Richtige tun? Manche Dinge, die wir tun, erscheinen uns im Moment des Geschehens richtiger als sonst irgendetwas. Das ist auch gut so. Denn das hilft uns dabei, Augenblicke zu verarbeiten und Erlebnisse für die Erinnerung zu schaffen. Manches, was wir erlebt haben, holt uns irgendwann wieder ein. Einiges auf gute und anderes auf nicht so gute Weise. Die Aufgabe für uns liegt einfach darin, das eine vom anderen zu unterscheiden.

Neue Wege öffnen sich auf unergründliche Weise, und manchmal sogar so plötzlich, dass man Angst davor hat, diesen neuen Weg zu gehen. Wir fürchten uns grundsätzlich vor Dingen, die wir nicht verstehen können oder nicht verstehen wollen. In diesem Fall gibt es zwischen Können und Wollen keinen Unterschied. Das Einzige, was dabei zählt, ist der Glaube an die eigenen Fähigkeiten. Der Glaube daran, dass man vielleicht in der Lage ist, etwas zu tun, was vor uns noch keiner geschafft hat. Wie wären sonst all die heutigen Erfindungen möglich gewesen? Hätten nicht ein paar Menschen einfach die Stimmen anderer überhört und nur ihrer eigenen Stimme im Herzen gelauscht. Manchmal kann es vorkommen, dass der neue Weg, den wir gewählt haben, nicht mit dem vorherigen zusammenpasst. Dass das Leben nie in jeder Sekunde gleich ist, ist klar. Aber manches kann sich so stark verändern, dass wir gezwungen werden, einen neuen Weg zu gehen. Das sind Zeiten, in denen wir Halt und Geborgenheit brauchen. Wird uns das nicht gegeben, kann es sein, dass wir daran zerbrechen. Aber irgendwo wird es immer Menschen oder vielleicht sogar ein Tier geben, die diese Unterstützung schenken können. Wir dürfen uns nur nicht davor verschließen, wenn uns dieses Geschenk angeboten wird. Es mag viel Kraft und Mut kosten, aber wir dürfen das nie vergessen. Denn Kraft zu haben bedeutet, zu leben und zu leben bedeutet, mutig zu sein.

Habt ihr euch jemals gefragt, was unsere Zeit hier wirklich ausmacht und ob ein einzelnes Leben für die Welt von Bedeutung ist? Oder vielleicht, ob die Entscheidungen, die wir treffen, irgendeine Rolle spielen? Ich glaube, dass sie es tun, und ich glaube, dass ein einzelner Mensch das Leben vieler anderer verändern kann.

Es hat sich vieles verändert. Gut zweieinhalb Jahre ist es her, als ich das erste dieser Worte geschrieben habe. Zweieinhalb Jahre. Für manche ist das nichts. Für andere aber kann es die Welt oder sogar mehr bedeuten. Auch bei mir ist vieles geschehen. Ich habe meine Erinnerungen aufgeschrieben und habe eine schmerzvolle Zeitreise immer wieder aufs Neue erleben müssen. Aber nicht nur die Vergangenheit war schwer, auch die Gegenwart hat mir Aufgaben erteilt, die ich mir in meinen kühnsten Träumen nicht erhofft hatte. Diese Zeilen sind über eine kleine Ewigkeit hinweg entstanden. Ich könnte auf jeder zweiten Seite Dinge löschen oder umschreiben, die mir im Nachhinein nicht mehr gefallen oder von denen ich denke, dass sie mir noch einige Probleme bescheren werden. Aber das wäre nicht richtig. Wie sollte ich Menschen an meiner Geschichte teilhaben lassen, wenn ich alles umschreibe? Deshalb habe ich mich entschieden, die Dinge so ruhen zu lassen, wie sie entstanden sind. Denn es hat einen Grund. Ich bin noch nicht darauf gekommen, welchen, aber es muss einen Grund haben.

Ich möchte nicht leugnen, dass es schmerzhaft war, in solchen Erinnerungen zu schwelgen. Aber auch diese Erinnerungen sind ein Teil von mir. Ein Grund mehr, weshalb ich sie aufgeschrieben habe. Ich möchte mich daran erinnern können und es nicht vergessen.

Vielleicht kann ich einigen Menschen meine Geschichte erzählen? Vielleicht würden sogar einige diese Zeilen selbst lesen wollen? Ich kann nicht sagen, was geschehen wird. Aber manchmal ist das gar nicht so schlecht. Denn plötzlich öffnet sich vielleicht eine neue Tür. Wir wissen es nur noch nicht. Auf jeden Fall: Das Sprichwort besagt, man sieht sich immer zweimal im Leben. Also dann: bis zum nächsten Mal.

Bewerten Sie dieses Buch auf unserer Homepage!

www.novumverlag.com

Der Verlag

> *Wer aufhört
> besser zu werden,
> hat aufgehört
> gut zu sein!*

Basierend auf diesem Motto ist es dem novum Verlag ein Anliegen neue Manuskripte aufzuspüren, zu veröffentlichen und deren Autoren langfristig zu fördern. Mittlerweile gilt der 1997 gegründete und mehrfach prämierte Verlag als Spezialist für Neuautoren in Deutschland, Österreich und der Schweiz.

Für jedes neue Manuskript wird innerhalb weniger Wochen eine kostenfreie, unverbindliche Lektorats-Prüfung erstellt.

Weitere Informationen zum Verlag und seinen Büchern finden Sie im Internet unter:

www.novumverlag.com

Die Autorin

Die Autorin Livia Andrey wurde 1994 in Bern geboren und wohnt derzeit in St. Ursen in der Schweiz. Aufgewachsen mit zwei älteren Geschwistern und den Eltern auf einem Bauernhof in der Westschweiz, war ihre Kindheit vom Zusammenleben zwischen Mensch und Tier geprägt und ließ sie zur Tierliebhaberin werden. Ihre Kreativität lebt die Autorin neben Zeichnen und Basteln vor allem beim Schreiben aus.